A FILOSOFIA DA
MÚSICA MODERNA

A FILOSOFIA DA MÚSICA MODERNA BOB DYLAN

Tradução
Bruna Beber
Julia Debasse

PRÊMIO NOBEL
COMPANHIA DAS LETRAS

Copyright © 2022 by Bob Dylan

Grafia atualizada segundo o Acordo Ortográfico da Língua Portuguesa de 1990, que entrou em vigor no Brasil em 2009.

Título original
The Philosophy of Modern Song

Capa e projeto gráfico
Coco Shinomiya

Foto de capa
Bruce Perry/ The Sydney Morning Herald/ Fairfax Media/ Getty Images

Preparação
Caren Inoue

Revisão
Carmen T. S. Costa
Márcia Moura

Dados Internacionais de Catalogação na Publicação (CIP)
(Câmara Brasileira do Livro, SP, Brasil)

Dylan, Bob
    A filosofia da música moderna / Bob Dylan ; tradução Bruna Beber, Julia Debasse. — 1ª ed. — São Paulo : Companhia das Letras, 2023.

    Título original: The Philosophy of Modern Song.
    ISBN 978-85-359-3591-2

    1. Ensaios norte-americanos 2. Música – Apreciação 3. Música – Filosofia I. Título.

23-166267   CDD-780.1

Índice para catálogo sistemático:
1. Música : Filosofia   780.1

Eliane de Freitas Leite – Bibliotecária – CRB-8/8415

Todos os direitos desta edição reservados à
EDITORA SCHWARCZ S.A.
Rua Bandeira Paulista, 702, cj. 32
04532-002 — São Paulo — SP
Telefone: (11) 3707-3500
www.companhiadasletras.com.br
www.blogdacompanhia.com.br
facebook.com/companhiadasletras
instagram.com/companhiadasletras
twitter.com/cialetras

Esta obra foi composta por acomte em Hoefler Txt e Trade Gothic e impressa em ofsete pela Gráfica HRosa sobre papel Alta Alvura da Suzano S.A. para a Editora Schwarcz em outubro de 2023

A marca FSC® é a garantia de que a madeira utilizada na fabricação do papel deste livro provém de florestas que foram gerenciadas de maneira ambientalmente correta, socialmente justa e economicamente viável, além de outras fontes de origem controlada.

Agradeço especialmente ao meu companheiro de pesca Eddie Gorodetsky por toda contribuição e pelas excelentes fontes de pesquisa, a Sean Manning, Jackie Seow, Sal e Jeremy da Hot Rod Kings, ao pessoal do Dunkin' Donuts, a P. K. Ferguson ("aqui não há regras fixas") e a Jonathan Karp pelo entusiasmo inabalável, por seus conselhos de especialista, por me encorajar a não desistir, além de dizer as coisas certas na hora certa, nos momentos em que eu mais precisava ouvi-las.

SUMÁRIO

1. DETROIT CITY 1
2. PUMP IT UP 7
3. WITHOUT A SONG 11
4. TAKE ME FROM THIS GARDEN OF EVIL ... 15
5. THERE STANDS THE GLASS 21
6. WILLY THE WANDERING GYPSY AND ME ... 25
7. TUTTI FRUTTI 29
8. MONEY HONEY 33
9. MY GENERATION 41
10. JESSE JAMES 45
11. POOR LITTLE FOOL 49
12. PANCHO AND LEFTY 55
13. THE PRETENDER 61
14. MACK THE KNIFE 65
15. WHIFFENPOOF SONG 69
16. YOU DON'T KNOW ME 71
17. BALL OF CONFUSION 75
18. POISON LOVE 81
19. BEYOND THE SEA 85
20. ON THE ROAD AGAIN 91
21. IF YOU DON'T KNOW ME BY NOW 95
22. THE LITTLE WHITE CLOUD THAT CRIED ... 99
23. EL PASO 105
24. NELLY WAS A LADY 113
25. CHEAPER TO KEEP HER 117
26. I GOT A WOMAN 123
27. CIA MAN 127
28. ON THE STREET WHERE YOU LIVE 131
29. TRUCKIN' 137
30. RUBY, ARE YOU MAD? 141
31. OLD VIOLIN 147
32. VOLARE 153
33. LONDON CALLING 159
34. YOUR CHEATIN' HEART 163
35. BLUE BAYOU 169
36. MIDNIGHT RIDER 173
37. BLUE SUEDE SHOES 177
38. MY PRAYER 183
39. DIRTY LIFE AND TIMES 191
40. DOESN'T HURT ANYMORE 195
41. KEY TO THE HIGHWAY 201
42. EVERYBODY CRYIN' MERCY 205
43. WAR 211
44. BIG RIVER 217
45. FEEL SO GOOD 219
46. BLUE MOON 225
47. GYPSIES, TRAMPS & THIEVES 231
48. KEEP MY SKILLET GOOD AND GREASY ... 237
49. IT'S ALL IN THE GAME 243
50. A CERTAIN GIRL 247
51. I'VE ALWAYS BEEN CRAZY 249
52. WITCHY WOMAN 253
53. BIG BOSS MAN 259
54. LONG TALL SALLY 263
55. OLD AND ONLY IN THE WAY 265
56. BLACK MAGIC WOMAN 269
57. BY THE TIME I GET TO PHOENIX 277
58. COME ON-A MY HOUSE 279
59. DON'T TAKE YOUR GUNS TO TOWN 285
60. COME RAIN OR COME SHINE 289
61. DON'T LET ME BE MISUNDERSTOOD ... 293
62. STRANGERS IN THE NIGHT 301
63. VIVA LAS VEGAS 305
64. SATURDAY NIGHT AT THE MOVIES 313
65. WAIST DEEP IN THE BIG MUDDY 319
66. WHERE OR WHEN 327

A FILOSOFIA DA MÚSICA MODERNA

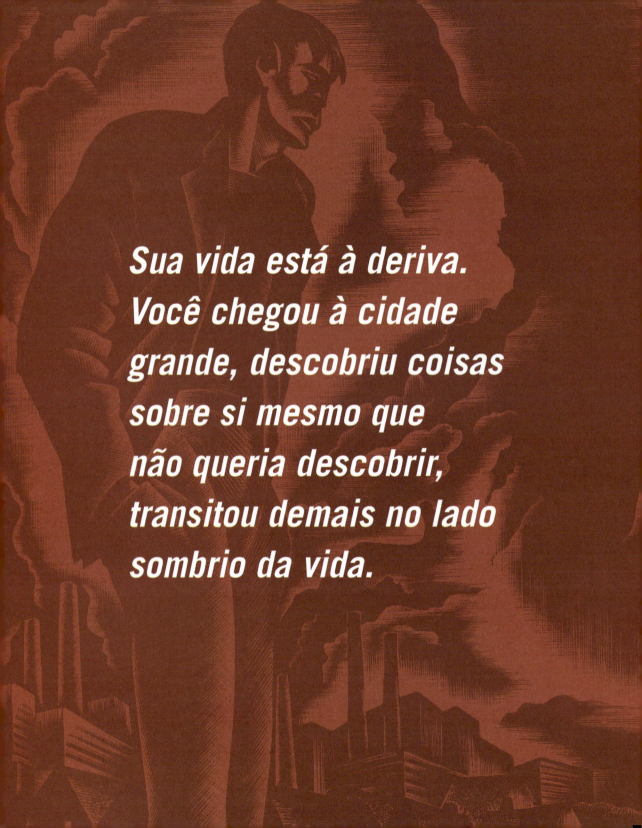

Sua vida está à deriva. Você chegou à cidade grande, descobriu coisas sobre si mesmo que não queria descobrir, transitou demais no lado sombrio da vida.

CAPÍTULO 1

DETROIT CITY
BOBBY BARE

Lançada originalmente como *single*
(RCA Victor, 1963)
Composição de Danny Dill e Mel Tillis

NESSA CANÇÃO VOCÊ É O FILHO PRÓDIGO.

Ontem à noite você foi dormir em Detroit. De manhã, perdeu a hora, sonhou com campos de algodão branco como a neve e teve alucinações com fazendas imaginárias. Andou pensando e fez suposições sobre sua mãe, teve visões sobre seu velho pai, inventou histórias sobre seu irmão e idealizou sua irmã, e agora quer voltar para casa. Voltar para aquilo que é familiar.

Pelos cartões-postais e e-mails que escreveu às pressas, todo mundo acredita que você seja um figurão, que tudo vai de vento em popa, mas não é bem assim; a vergonha do fracasso é demasiada. Sua vida está à deriva. Você chegou à cidade grande e descobriu coisas sobre si mesmo que não queria descobrir, transitou demais no lado sombrio da vida.

De dia, trabalha na montadora com jipes, limusines e outros carros beberrões de gasolina; de noite, serve coquetéis em bares. Aonde quer que você vá, as pessoas o tratam como se estivesse morto; aonde quer que você vá, descobre mais um monte de mentiras — se as pessoas conseguissem ler nas entrelinhas, descobririam tudo, não é necessário ter dom de adivinhação para chegar a essa conclusão. Você pegou um trem cheio de mercadorias em direção ao norte e foi parar em

Detroit, à procura de um pote de ouro, buscas infrutíferas uma atrás da outra, e cada uma tomava um rumo inesperado e ruim; você está exausto — parece que passou a vida inteira desperdiçando e perdendo oportunidades. A cada dia, mais uma dose diária de veneno, então o que pretende fazer?

Vai engolir esse amor-próprio e esse egoísmo tolos, e voltar ao que é familiar, voltar para as pessoas que sempre estarão ao seu lado, aquelas que você deixou em segundo plano. Você quer voltar para casa, e exige isso de si mesmo. Tem a fome, a sede e o motivo, precisa se levantar e sair, pé na estrada. Hora de dizer *adiós*. Você quer voltar para casa, onde será acolhido e abraçado. Ninguém vai pedir explicações. Ninguém vai atazaná-lo com perguntas insistentes. Vai voltar para o local onde será possível resolver sua vida, perto de pessoas compreensivas — aquelas que conhecem você melhor do que ninguém.

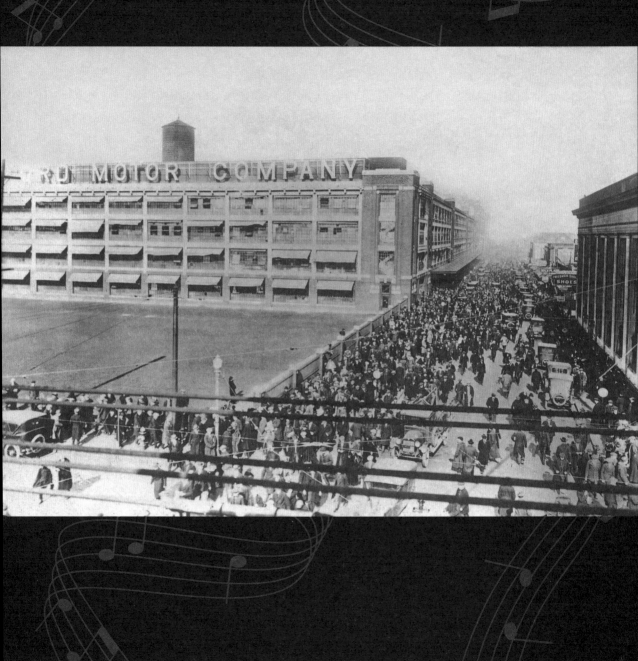

DETROIT CITY

QUANDO ESSA CANÇÃO FOI ESCRITA, Detroit era

um destino bastante procurado: novos empregos, novas esperanças, novas oportunidades. Os carros saíam das linhas de montagem direto para nossos sonhos. Desde então, assim como tantas outras cidades norte-americanas, Detroit viveu uma montanha-russa entre prosperidade e decadência. Recentemente, emergiu de anos de ruína só para ser posta à prova mais uma vez. Mas as pessoas de Detroit — lar da Motown e da Fortune Records, o berço de Hank Ballard, Mitch Ryder, Jackie Wilson, Jack White, Iggy Pop e MC5 — podem dizer: qualquer revés é temporário, por isso um sonho como o de Bobby Bare parece tão real hoje quanto no dia em que a canção foi cantada pela primeira vez. Ele é capaz de fabricar uma vida inteiramente fictícia, basta escrever algumas cartas para os familiares.

Imagina ouvir a letra de uma canção que nos faz acreditar que o cantor está, subitamente, revelando uma verdade?

Bobby Bare se aventurou no mercado fonográfico pela primeira vez nos anos 1950, quando fechou contrato com a Capitol Records, lançando alguns *singles* que não deram em nada. Ao tentar a sorte como compositor, escreveu "The All American Boy" e gravou uma demo para seu amigo Bill Parsons. Bill gravou uma versão, mas a gravadora, Fraternity Records, resolveu lançar a demo que Bare havia gravado. Por um erro de produção, o nome de Bill Parsons foi impresso na etiqueta do vinil, e assim o primeiro hit de Bobby Bare nas paradas musicais saiu em nome de Bill Parsons. Provavelmente, o primeiro incidente de roubo de identidade nos Estados Unidos.

Essa não é a canção de um sonhador, mas de alguém que está preso na fantasia de como as coisas costumavam ser. O ouvinte, porém, sabe que nada disso existe. Não tem mãe, nem velho pai, irmã ou irmão. Estão todos mortos ou já se foram. A garota dos sonhos dele se casou com um advogado especialista em divórcios e tem três filhos. Como tantos outros, ele deixou a fazenda, foi para a cidade grande atrás de novas perspectivas e acabou se perdendo. É por isso que essa música funciona.

CAPÍTULO 2

PUMP IT UP
ELVIS COSTELLO

Lançada originalmente no álbum *This Year's Model*
(Radar, 1978)
Composição de Elvis Costello

ESSA CANÇÃO FALA UMA NOVA LÍNGUA. Essa é a canção que cantamos quando atingimos o ponto de ebulição. Tensa e inquieta, vem com uma promoção — muitos brindes. E você vai esticar esses brindes até que eles se rompam e se partam em 1 milhão de pedaços. Você nunca olha pra trás, olha pra frente; teve uma formação clássica e conta com alguma experiência de trabalho. Aprendeu a olhar para cada rosto repugnante, daqueles que provocam náuseas, sem esperar nada.

Você vive num mundo de romance e de destroços, e vaga pelas ruas a qualquer hora da noite. Comprou coisas e presenteou as pessoas com esses produtos.

O lance é que seu futuro não parece promissor. Você é o herói alienado que foi levado para dar um passeio por uma gatinha perspicaz e infernal, a prostituta de sangue quente, faminta de sexo, aquela de quem tanto dependia e que o desiludiu. Achou que era Deus no céu e ela na Terra, que duraria para sempre, mas ela era só obstinada e determinada — transformou você numa pessoa artificial e sem escrúpulos. Agora você está a ponto de explodir, destruir, derrubar tudo.

A FILOSOFIA *da* MÚSICA MODERNA

Essa canção está a todo vapor. O jab seguido de um direto, o *upper* e o murro, e aí escapa e dá no pé. Você desobedeceu aos mandamentos e trapaceou. Agora vai ter de recuar, se render, entregar os pontos.

Qual é a sua, afinal? Você quer ampliar as coisas, exagerá-las, até conseguir envolvê-las num abraço.

Por que tudo parece tão torto e sigiloso?

Pra que servem tantas conversas triviais, tanto falatório?

Pra que serve toda essa música monótona e sem alma tocando dentro da sua cabeça?

E qual é a dessa cabrita que não cai fora da sua vida? Você quer estraçalhá-la, deformá-la. Quer vê-la agonizar, quer explodir a coisa até ficar inchada, e aí você passa as mãos sobre a ferida e a espreme até estourar.

Essa canção é pura lavagem cerebral e tem uma aparência suja, exagerada, que se amplifica até você conseguir dar vida a ela; e então, ela se adapta ao seu humor. Essa canção tem muitos defeitos, mas sabe mantê-los escondidos.

ELVIS É O TIPO DE SUJEITO QUE FAZ SEUS FÃS

transitarem entre os polos da paixão e da precisão. Há pessoas que assinalam um xis nos marcos da vida de Elvis com a mesma obsessão de quem se esmera em completar o itinerário de um trem, ao passo que outras não sabem nada além do fato de que ele canta uma canção sobre o término de relacionamento particularmente devastador. É raríssimo encontrar uma canção sobre um casamento feliz, mas há muitas canções sobre separação.

Conhecer a história de vida de um cantor contribui pouco para a compreensão de uma canção. O que Frank Sinatra sentia por Ava Gardner é supostamente revelado em "I'm a Fool to Want You", mas são meras trivialidades. O que importa é como uma canção faz o ouvinte se sentir em relação à própria vida.

Elvis Costello & The Attractions foi a melhor banda entre suas contemporâneas, anos-luz melhor. O próprio Elvis era um personagem único: usava óculos de marfim, tinha os pés tortos, era peculiar e intenso. O único guitarrista da banda que cantava. Impossível negar que lembrava Buddy Holly, o estereótipo de Buddy — pelo menos na aparência. Elvis também tinha Harold Lloyd em seu DNA. É óbvio que ele estava ouvindo muito Bruce Springsteen quando compôs "Pump It Up". Também tivera uma boa dose de "Subterranean Homesick Blues". "Pump It Up" tem uma melodia que pode parar o tempo com uma retórica poderosa. Com tudo isso, Elvis exalava uma beligerância de alto nível — ele era beligerante em todos os sentidos, até no jeito de olhar. Um inglês ou irlandês típico, que sempre se apresentava de terno e gravata, mesmo que estivesse na miséria.

Naquela época, por mais pobres que fossem, os ingleses só eram vistos de terno e gravata. Com esse jeito de vestir, todos os ingleses pareciam idênticos. Ao contrário dos Estados Unidos, onde as pessoas usavam jeans, botinas e todo tipo de vestimentas, escancarando a desigualdade social latente. Os britânicos, pelo menos, tinham dignidade e orgulho e não se vestiam como pedintes. Com dinheiro ou sem dinheiro, o código de vestimenta igualava todos na antiga Grã--Bretanha.

"Pump It Up" é vibrante e muito bem-feita. Apresenta ganchos delicados e aparência suja, propaganda enviada dos céus e calúnias incompreensíveis. "*Torture her*" e "*talk to her*", "*bought for her*" e "*temperature*" já era um esquema de rimas bem antes de Biggie Smalls ou Jay Z. "*Submission*" e "*transmission*", "*pressure pin*" e "*other sin*" são algumas cutucadas ao longo da canção, que é implacável como todas as outras canções que ele fez nesse período. O problema é que ele exauriu as pessoas. Havia um excesso em suas músicas que as afastava. Muitos pensamentos, muita prolixidade, muitas ideias que se chocam umas com as outras. Aqui, no entanto, tudo está condensado numa única longa canção. Elvis é tão duro por conta da sua beligerância que, de certo modo, se torna capaz de simplificar tudo em seu trabalho. Suas canções estão em velocidade máxima e essa é uma de suas melhores. Com o tempo, Elvis provou que tinha uma alma musical gigantesca — grande demais para apenas esse tipo de música agressiva — e acabou seguindo várias direções, o que tornou muito difícil para seu público continuar acompanhando-o.

Ele começou a tocar música de câmara, escreveu canções com Burt Bacharach, gravou discos de música country, covers, soul music, trilhas para espetáculos de balé e orquestra. Quando você começa a escrever músicas com Burt Bacharach, claro que não está nem aí para o que as pessoas pensam. Elvis perpassa todos os gêneros musicais como se eles nem existissem. "Pump It Up" é o que o autoriza a fazer todas essas coisas.

CAPÍTULO 3

WITHOUT A SONG
PERRY COMO

Lançada originalmente como *single*
(RCA Victor, 1951)
Música de Vincent Youmans
Letra de Billy Rose e Edward Eliscu

ESSA CANÇÃO NÃO NOMEIA A CANÇÃO que deixaria o mundo pior se nunca fosse escutada. É um mistério. Elvis Presley cita seu primeiro verso como se representasse tudo aquilo em que ele acredita. A maioria das pessoas ouviu essa canção pela primeira vez na voz de Perry Como.

Perry Como foi o oposto de Rat Pack* e de Frank; nunca foi encontrado inconsciente com uma bebida na mão e sabia cantar melhor que todo mundo. Sua performance é magnífica, não se pode dizer nada menos do que isso. Só a orquestração deixa qualquer um de quatro.

Perry também é o anti-ídolo norte-americano. Ele é o contrário da última moda, da lista das mais tocadas, da ostentação. Já era um Cadillac antes dos "rabos de peixe"; uma Colt 45, não uma Glock; um bife com fritas, não cozinha californiana. Perry Como faz e acontece. Não tem artifícios, não violenta uma sílaba para inserir notas desnecessárias.

---

* Rat Pack é como era conhecido um grupo de artistas bastante populares nas décadas de 1950 e 1960, cuja formação mais famosa incluía Frank Sinatra, Dean Martin, Sammy Davis Jr., Peter Lawford e Joey Bishop. [Esta e as notas seguintes são das tradutoras.]

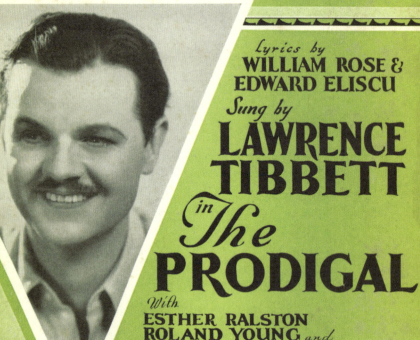

Ele pode se dar ao luxo de ser despretensioso porque já tem o necessário. Uma pessoa que tem tudo não precisa se gabar de nada. Ele entra no palco, inclina a cabeça para ouvir melhor a banda, posta-se em frente à plateia e canta... E as pessoas diante dele passam por uma transformação. Não por causa das roupas que usa ou da bebida que bebe, nem da última diva que beijou ou do carro que dirige, mas por causa da música que canta. Sem essa canção ele não tem mais nada, e essa é a música que ele canta.

Perry Como viveu cada momento de cada canção que cantou. Ele nem precisava ser o autor da canção. Talvez tenha acreditado mais nas canções que cantou do que as pessoas que as compuseram. Quando ele se levantava para cantar, virava o dono da canção e a partilhava, e nós acreditávamos em cada palavra que ele cantava. O que mais se pode esperar de um artista?

"*Without a song*" — poucas músicas tornam-se populares, mas parece que não podemos abrir mão daquelas que conseguem esse feito.

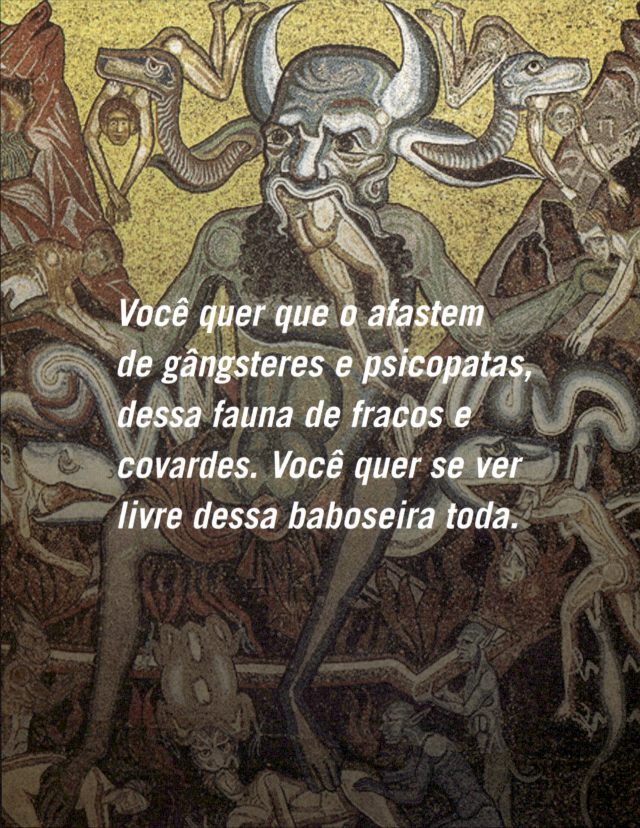

Você quer que o afastem de gângsteres e psicopatas, dessa fauna de fracos e covardes. Você quer se ver livre dessa baboseira toda.

CAPÍTULO 4

TAKE ME FROM THIS GARDEN OF EVIL JIMMY WAGES

Gravada pela Sun Records, 1956, inédita

Composição de Jimmy Wages

TUDO QUE VOCÊ GOSTARIA DE VER é um rosto conhecido, um rosto amável e encantador. Alguém honesto, franco, ético e justo. Uma pessoa num local atraente, hospitaleiro, um honky-tonk — um desses restaurantes pequenos que servem comida caseira e tocam música country. Ninguém precisa ter pressa, estar na velocidade máxima, as pessoas podem ditar o ritmo de seus próprios passos. Sua garota vai estar ao seu lado, ela está a postos, pronta para defendê-lo o tempo todo.

Você, porém, está no limbo e grita para quem quiser ouvir, implora para ser resgatado desse jardim do mal, para que o afastem de gângsteres e psicopatas, dessa fauna de fracos e covardes. Quer se ver livre dessa baboseira toda. Não quer desperdiçar a vida sonhando acordado; quer ultrapassar fronteiras, pois já está há muito tempo ruminando pensamentos repetitivos.

Você tem vivido em suspensão, mas agora o palco está montado e você vai pra qualquer direção possível, se afasta dessa casa abafada que já ruiu. Esse ambiente repressor, esse fim de mundo do qual você só quer se distanciar, você quer fugir para o mais longe possível dessa podridão. Deseja andar de carruagem por entre pilares de luz, tem fé, é destemido e corajoso, segura o rojão e está exausto de viver amordaçado e preso. Quer ser lançado em um reino distante onde será redimido, acompanhado por alguém que vai escoltá-lo na saída dessa selva de mentiras, onde tudo é suspeito. Ainda que precise remar por sete mares, você vai remar, pode apostar que sim, pode até apostar dinheiro. Você domina seus medos e se livra deles, faz qualquer coisa para escapar desse jardim do mal, dessa paisagem de ódio e de horror, dessa névoa turva que te enche de repulsa.

Você quer ser levado nas costas para outra dimensão, onde seu corpo e sua mente possam se restaurar. Se ficar aqui, sua dignidade estará em risco e você estará a um passo de se tornar um monstro espiritual — e isso é inaceitável.

Você apela, implora para que alguém tire você daqui. Está falando sozinho e torce para não enlouquecer.

Você precisa cruzar o limite, mas tome cuidado. É possível que tenha de entrar numa batalha, e você não vai querer entrar nela já derrotado.

NÃO HÁ NADA ARTIFICIAL NESSA CANÇÃO, nada

é fabricado ou planejado, não há maquiagem nem plástica. Ela é genuína e não está no mapa, sem nenhuma linhagem genética. Essa canção não é brincadeira.

O guitarrista soa como Luther Perkins tocando uma Gibson Les Paul em vez de sua Fender de costume. Na verdade, soa idêntico ao que Luther fazia, então poderia ser ele mesmo. Trata-se de uma gravação de Sam Phillips, uma música crua e destemida como tudo que Sam já gravou.

O cantor Jimmy Wages cresceu com Elvis em Tupelo, Mississippi, e viveram no mesmo quarteirão até Elvis se mudar para Memphis, aos oito anos de idade. Então fica a pergunta: e se Elvis tivesse ficado em Tupelo e Jimmy Wages tivesse se mudado de lá? Ou ainda: e se Sam tivesse mandado Elvis para a casa de Luther, e não para a casa de Scotty Moore? Scotty e Bill então estariam na banda de Johnny Cash, e Luther e Marshall Grant estariam tocando com Elvis.

Dizem que Sam gravava qualquer um que aparecia em sua porta, qualquer pessoa com algo diferente, que tivesse personalidade e um brilho passional. Mas com uma música como essa, é provável que Sam soubesse que só podia ir até certo ponto. Não era coisa para adolescentes. Seria uma gravação que ele poderia ter levado para seu amigo Dewey Phillips, DJ da WHBQ, para ser tocada em seu programa *Red Hot & Blue*? Improvável.

Essa música aperta o botão de emergência. Ela talvez seja a primeira e única gravação de rockabilly gospel. É cruel feito um ditador, é como a maldade dominando a terra, pode dar o nome que quiser, Jimmy enxerga o mundo tal como é. Essa canção é um vale sem paz; é um jardim de luxúria corporativa, ganância sexual, crueldade gratuita e insanidade como lugares-comuns. Multidões hipnotizadas e babacas cabeças-duras, e o cantor deseja se libertar de tudo isso — e quem não gostaria?

Ele roga que a Justiça e a Castidade desçam dos céus e o levem embora. Uma garota vai definir o ritmo dele, outra pessoa travará a luta em seu lugar. Essa canção é a quintessência do country, uma música que Elvis poderia ter gravado, e que leva Sister Rosetta Tharpe* um pouco além.

* Cantora americana conhecida por fazer música gospel tocando guitarra a partir dos anos 1930 e que foi uma grande influência para o rock, de Elvis Presley a Bob Dylan.

CAPÍTULO 5

THERE STANDS THE GLASS
WEBB PIERCE

Lançada originalmente como *single*

(Decca, 1953)

Composição de Russ Hull, Mary Jean Shurtz e Autry Greisham

O SUJEITO DESSA CANÇÃO TEM muita história pra contar e muito do que se defender. É difícil ficar do lado do perdedor numa causa perdida, uma causa sem objetivo nem propósito, inequivocamente falsa do começo ao fim — o homem escravo de sua mente. Ele precisa justificar e reivindicar todo seu ser, pois foi traído por políticos em sua terra natal, abandonado e passado pra trás; apunhalado pelas costas por legisladores e membros de seu próprio governo. Ele não se lembra de um dia ter tido alma, e, se teve, está morta no fundo de um lago há muito tempo.

Lutou como um selvagem, cravou baionetas na barriga de bebês e arrancou os olhos dos velhos. Foi infiel ao espírito humano e assassinou padres. Perdeu sua independência anos atrás. Viveu de porções limitadas de ração e praticou atos degenerados e demoníacos. Ele conecta sua mente a sonhos noturnos em busca de informação e vê feridas de milhões de dólares, medalhas Coração Púrpura e observa a decomposição de suas tropas. Agrupa velhos, mulheres e crianças, toca fogo em suas cabanas e aponta uma metralhadora na direção deles. Vê figuras sombrias com pijamas pretos e chapéus pontudos. Vê um garotinho de dois anos e o mata. Vê seus colegas esquartejarem uma garota com uma faca, eles tiram a roupa dela e a estupram; em seguida, ele a mata com um revólver — seu companheiro cheio de tesão.

Agora ele voltou pra casa, com estilhaços nos braços e nas pernas — "mordidas de mosquito", ele diz para si mesmo. Está de pé num salão lotado, na Tavern On The Green, e olha ao redor: está cercado pelo inimigo, essa é a hora zero.

Trata-se de um ritual de celebração em que é condecorado como herói; ele pede ao garçom que encha seu copo até a borda. E fim. As coisas acontecem assim. Não teria como ser diferente.

WEBB CANTAVA COMO UM HOMEM DA IGREJA,

mas se vestia para os palcos de um honky-tonk. E o homem que cuidava de seu figurino era um judeu ucraniano chamado Nuta Kotlyarenko, que foi para os Estados Unidos, como tantos outros, fugindo dos pogroms da Rússia czarista. O jovem Nuta pulava de emprego em emprego, tentou a sorte no boxe e no teatro, arranjou uma esposa em Minnesota e foi com ela para Nova York no começo dos anos 1930, onde abriram um negócio de figurino para dançarinas de cabaré.

Logo Nuta tornou-se Nudie e trocou Nova York por Hollywood, onde aproveitou sua habilidade para costurar strass nas calcinhas de dançarinas e acabou fazendo ornamentos para roupas de estrelas da música country — como trajes de luz de parar o trânsito, que eletrizavam fãs de Nashville a Bakersfield. Ele pregou bordados com imagens de carroças nas jaquetas de Porter Wagoner e teias de aranha em Webb Pierce. Cobriu Hank Williams de notas musicais e Elvis Presley de lamê dourado.

Como acontece com tantos homens que se reinventam, os detalhes de sua história soam duvidosos nos lugares por onde passou, mas parece que houve um problema com a lei, uma acusação de tráfico de drogas, que resultou numa curta permanência na prisão. Imagine o quão animado Nudie deve ter ficado quando Gram Parsons apareceu, gargalhando sob efeito de maconha — pois ele fazia parte da geração que pensava ter inventado o uso de drogas —, e pediu a Nudie um terno cujo tema fossem as drogas. Alguns caras que estavam mais à direita do que a canção "Okie from Muskogee"* ficaram surpresos ao saber que Nudie estava disposto a adornar o tal terno, mas Nudie era muito prático e, sabendo que o dinheiro de Gram era tão verde quanto a erva que ele fumava, fez o terno.

Nudie amava música country, mais do que dinheiro. Sua loja era refúgio e ponto de encontro dos grandes nomes desse estilo musical, e havia um palquinho

---

* A letra da canção gravada por Merle Haggard diz: "Nós não fumamos maconha em Muskogee/ Nós não viajamos com LSD/ Nós não queimamos cartões de alistamento na Main Street/ Gostamos de viver direito, e ser livres" (tradução livre).

onde todo mundo se apresentava. George Jones, de camisa de manga comprida, esperava a prova de roupa com Manuel Cuevas — alfaiate pessoal de Sinatra sequestrado por Nudie e que só deixou a parceria quando se divorciou da filha de Nudie — enquanto pegava um violão emprestado para estrear "The Grand Tour". Little Jimmy Dickens testava as músicas que ia tocar no Opry naquele fim de semana. Bandas locais tocavam lá ansiosas por uma oportunidade de se apresentar e ser escolhidas por algum grande artista para fazer seus shows de abertura. E se não houvesse ninguém ali para tocar, Nudie ocupava o centro do palco, usando duas botas diferentes — sua marca registrada — e seu quipá de cowboy, dedilhava um bandolim precário e cantava suas canções preferidas.

Nudie vestiu quatro presidentes dos Estados Unidos e dois papas. Dois vencedores do Oscar receberam estatuetas vestindo ternos de Nudie, e Neil Armstrong foi enterrado com um.

Nudie adorava Webb Pierce — o extravagante cantor da igreja pentecostal dos anos 1950, cuja poderosa voz de tenor era tão escandalosa quanto os ternos de lantejoulas que usava.

A estrela dessa canção é o copo de bourbon vazio, e ela é construída com o mesmo tipo de som crepitante de guitarra de uma música de Hank Williams, assim como o acorde mágico dedilhado numa corda solta.

CAPÍTULO 6

WILLY THE WANDERING GYPSY AND ME
BILLY JOE SHAVER

Lançada orginalmente no álbum *Old Five and Dimers Like Me*

(Monument, 1973)

Composição de Billy Joe Shaver

ESSA CANÇÃO É UM ENIGMA: quanto mais você insiste, mais estranha ela fica, parece ter segundas intenções. É o tipo de canção imprevisível, até que acerta você em cheio. Não é fácil compreender essa canção, não há nada que aponte a direção certa. É só você, o Willy e o cigano errante. Talvez uma, talvez duas, talvez três pessoas. O que se sabe sobre os ciganos é que eles viajam em bandos, tribos e clãs. Ciganos têm autonomia e andam juntos há séculos. Alguns historiadores dizem que vieram do Egito, que são os egípcios originais. Expulsos de seu país por trabalhadores africanos — que foram levados para realizar trabalhos braçais —, acabaram invadindo as terras dos povos nativos. Ciganos nunca viajam sozinhos, são autossuficientes e não aceitam membros honorários. Se Willy é cigano, então ele é um impostor.

Essa canção tem um ponto de vista filosófico. Continue em frente — é o melhor a se fazer —, deixar o trem seguir seu trajeto. É melhor do que beber e inundar sua cerveja com lágrimas. Adiante, eternamente adiante; adiante até que a era

glacial retorne. Willy vai fazer você de otário, para ele sempre existe o dia de amanhã e você é um lacaio. Willy gostaria que você abandonasse sua esposa sofredora de longa data, cheia de filhos, que a deixasse para trás e partisse com ele. Ele diz que, se você decidir ficar, que seja por sua conta e risco. Vamos lá, vamos começar. Ele quer que você desista da sua esposa e não toque mais no assunto. Você e Willy, o sábio e o tolo numa estrada rumo a lugar nenhum, nada prenderá vocês — o bom rapaz e seu primo da roça usurpando as mulheres, que concederão toda sua feminilidade e farão de tudo por vocês: elas já estão na fila de coração aberto.

Willy, o domador de cavalos selvagens, vai participar de um concurso de rodeio e meter a mão num grande prêmio em dinheiro. E você vai encher a cara e aproveitar o bonde. Você rejeita ser amarrado, não escuta ninguém — mas as informações entram pelo ouvido assim mesmo. Vocês brindam e contam piadas, vocês levaram chutes no saco, várias e várias vezes, e ainda dói.

Vocês atravessam o cascalho lunar.

Willy é o selvagem, o bárbaro, o andarilho fugitivo, mais bruto do que aparenta ser. Mas vocês dois são farinha do mesmo saco. Tanto ele como você estão salvos, são feitos da mesma matéria. De onde vocês vêm, não existe preço fixo, nada é definitivo. Vocês nunca dão às pessoas o que elas querem, mas sabem como seduzi-las.

Há três pessoas nessa canção. Tem Willy, o cigano errante e, depois, você. Mas você estabelece os papéis como quiser — amor de amigos, um trio — e fica orgulhoso e indiferente. No melhor dos cenários, você é Sancho Pança; no pior, você fica pra trás. É melhor prestar atenção antes que seja tarde demais.

CAPÍTULO 7

TUTTI FRUTTI
LITTLE RICHARD

Lançada originalmente como *single*
(Specialty, 1955)
Composição de Little Richard e Dorothy LaBostrie

A-WOP-BOP-A-LOO-BOP-A-WOP-BAM-BOOM. Little Richard vivia episódios de glossolalia, quando se fala línguas desconhecidas em transe, pelas ondas do rádio bem antes de as pessoas descobrirem o que estava acontecendo. Ele desenvolveu a habilidade em uma barraca de lona úmida de suor e aplicou-a nas rádios, chegava a berrar como um pastor fervoroso — o que de fato ele era. Little Richard é o mestre do duplo sentido. "Tutti Frutti" é um bom exemplo disso. Um *frutinha*, um homossexual, e "tutti frutti" significa "várias frutas". Também é um sorvete enjoativo. Uma garota chamada Sue e outra chamada Daisy, ambas travestis.

Você já viu Elvis cantando "Tutti Frutti" no programa do Ed Sullivan? Ele sabe o que está cantando? Você acha que Ed Sullivan sabe? Acha que os dois sabem? De todas as pessoas que cantaram "Tutti Frutti", é provável que somente Pat Boone soubesse o que estava cantando. E Pat também fala em línguas desconhecidas.

Há muitas pessoas nas canções de Little Richard, de todos os estereótipos: Tio John, Sally Magrela, Mary e Jenny, Daisy, Sue e Melinda. Todas essas pessoas estão patinando no mundo obscuro do sexo e dos sonhos, e não dão o braço a torcer.

Little Richard era tudo, menos pequeno. Ele diz que algo está acontecendo, que o mundo vai desmoronar. Ele é um pregador e "Tutti Frutti" é um sinal de alerta.

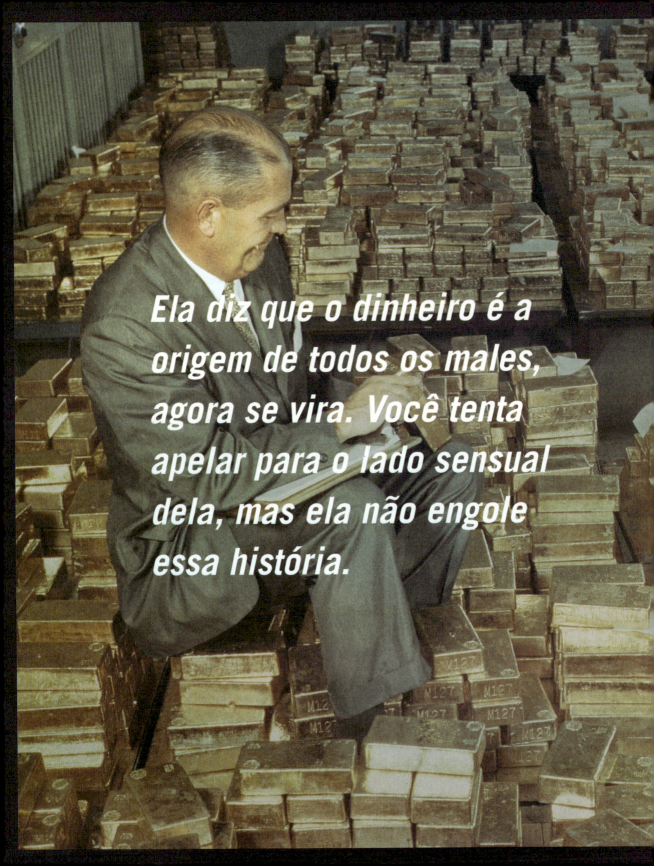

CAPÍTULO 8

MONEY HONEY
ELVIS PRESLEY

Lançada originalmente no álbum *Elvis Presley*

(RCA Victor, 1956)

Composição de Jesse Stone

ESSE LANCE DE DINHEIRO DEIXA você furioso, exaurido e apavorado, é uma preocupação constante. O dono do imóvel está à porta da sua casa e toca a campainha. Toca e espera por um bom tempo, e você torce para que ele vá embora, como se não houvesse ninguém em casa. Você espia atrás da cortina, mas ele tem um olho aguçado e vê você. O mão de vaca veio cobrar o aluguel pela décima vez, e agora quer o dobro, sem trapaça.

Você joga a mesma ladainha, que a vida não está fácil e que você está sem dinheiro, mas que em breve vai receber por um trabalho que acabou de fazer. Ele não cai na sua conversa mole. Você fica na defensiva. O dono da casa é um tal de Thomas, velho desconfiado e pão-duro que quer o dinheiro imediatamente: paga ou vaza, se quiser continuar na política de boa vizinhança.

O que você faz? Você pia e uiva, late para a lua. Você perde o controle, fica agitado. Você telefona para a mulher mais difícil que conhece. A nata das natas, a melhor e mais legal, seu primeiro e grande amor, e a acorda às três e meia da manhã. Ela fica irritada, fula da vida, enfurecida e quer saber o motivo do telefonema. Você diz que precisa de uma forcinha e que se ela pretende manter uma relação próxima que mande algum dinheiro.

A FILOSOFIA *da* MÚSICA MODERNA

Ela diz preste atenção, meu pombinho, você passou dos limites, está chapado. Eu já te dei dinheiro, mas você gastou no jogo, agora se vira. Você diz só um instantinho. Pra que tanta raiva? Você está perdendo a linha. Não seja mesquinha, não seja tola. Achei que tínhamos um pacto de amor, e agora você se esquiva e me deixa na mão. O que é que há com você? Vai por mim, o melhor é a gente se tratar com carinho, se não for assim, eu vou jogar esse relacionamento no lixo. Você pede dinheiro. Ela diz que o dinheiro é a origem de todos os males, agora se vira. Você tenta apelar para o lado sensual dela, mas ela não engole essa história. Já tem outro cara, você fica possesso.

Mas nenhum outro homem pode tomar seu lugar, nenhum outro homem pode substituir você. Para ela, não existe suplente. Como isso foi acontecer? Entendi, ela não está apaixonada por você, está apaixonada pela grana onipotente. Agora você aprendeu sua lição, tudo se esclareceu. Você costumava se aproximar de pessoas extraordinárias, agora elas não passam de uma dúzia, isso não serve para nada, e precisa ter isso em mente. Sempre tem alguém melhor que você, e sempre tem alguém melhor que essa pessoa melhor que você. Você quer fazer as coisas direito, sabe que é capaz, mas é difícil. Você não sabe qual é o seu problema. As melhores coisas da vida são de graça, mas você prefere as piores. Talvez esse seja seu problema.

ARTE É DESACORDO. Dinheiro é acordo.

Eu gosto de Caravaggio, você gosta de Basquiat. Nós gostamos de Frida Kahlo, e Warhol não nos toca. E é assim que a arte prospera, com embates espirituosos. É por isso que não pode haver uma forma nacional de arte. Se houver tentativas de fazer isso, as arestas se dissolvem — o esforço para considerar todas as opiniões, a vontade de não ofender ninguém. Em pouco tempo, tudo se transforma em propaganda ou comercialismo.

Não que haja algo de errado com o comercialismo, mas, como todas as coisas envolvem dinheiro, o comercialismo é baseado num voto de confiança; é mais abstrato que a geometria de Frank Stella. O dinheiro só tem valor porque chegamos a um acordo sobre isso. Assim como a religião, esses acordos variam em cada país e cada cultura, mas essas variações são superficiais, cosméticas, em geral, com nomes ou denominações diferentes. Os princípios básicos permanecem imutáveis.

O dinheiro está sujeito à escassez daquilo que define seu valor, mas isso também não é uma ilusão? Metais raros e preciosos, como os diamantes, são controlados por mercadores sanguinários que modulam o fluxo desses produtos para manter o valor num nível aceitável. E se o ouro é tão raro, como podem existir barras de ouro suficientes para construir uma casa para uma família de apenas duas pessoas em Fort Knox?

Não importa que todas as coisas sempre percam seu valor. Antes de Gutenberg criar os tipos móveis, só as pessoas mais ricas podiam comprar livros, e uma Bíblia com capa de couro trabalhada, páginas com bordas de ouro e encadernações incrustadas de joias — objetos que não simbolizavam apenas devoção religiosa, mas status, riqueza e bom gosto. Em poucas gerações, a ralé pôde acompanhar o hinário das igrejas sentada em bancos baratos, forçando os ricos a encontrar outro símbolo para se diferenciar do povo.

É assim desde que o mundo é mundo. A batalha entre ricos e pobres é travada em muitos campos, e nem todos evidentes. Hoje em dia, os ricos andam de moletom e os moradores de rua têm iPhones. Pessoas que recebem renda mínima compram

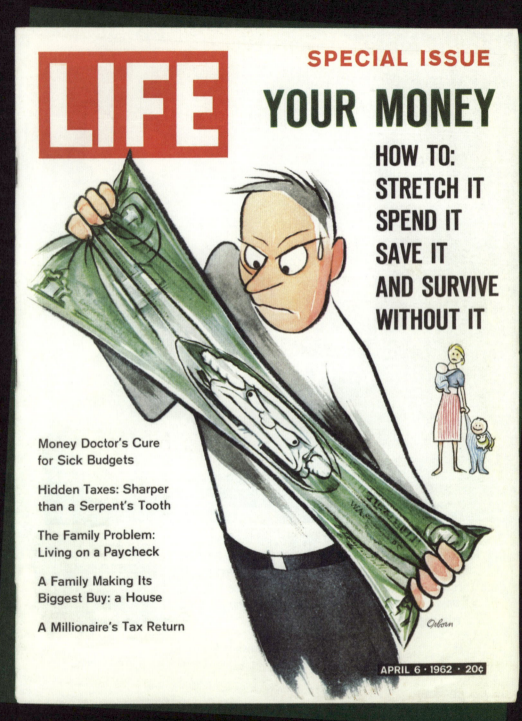

relógios falsificados, com um errinho ortográfico para driblar problemas de direitos autorais da marca original. E aí os ricos compram esse mesmo "Rulex" para que seus relógios verdadeiros de seis dígitos não sejam roubados quando saírem para jantar.

O pobre passa uma hora sentado em seu carro popular caindo aos pedaços no mesmo engarrafamento em que está o rico com seu carro de luxo. É claro que os assentos podem ser mais confortáveis, o ambiente mais agradável, mas ainda assim está preso na 405. Uma coisa que não se compra é o tempo. Um compositor country profissional, Bob Miller, escreveu uma canção sobre as desigualdades vividas entre o rico e o pobre, mas sentiu-se consolado ao concluir que o destino final de ambos é sempre o mesmo.

Há pouco tempo saí para jantar com um amigo que tinha acabado de perder a esposa. Ele falou uma coisa que me fez refletir por um bom tempo: "O único sentido da vida é que ela acaba". Ao contrário dos diamantes e do ouro, o tempo que viveu ao lado de sua esposa era finito e ele soube apreciar cada momento.

Se você pudesse viver eternamente, a vida eterna seria como o dinheiro: amparada por uma ilusão, por uma coisa que estaria ali, a despeito da existência ou não de algo para servir de apoio. Em 2017, a Venezuela teve que emitir um comunicado à imprensa alegando que não tinha dinheiro suficiente para "pagar" o dinheiro. Mas, veja só, a Venezuela ainda existe. É porque, no fim das contas, o dinheiro não tem importância, nem as coisas que ele pode comprar. Não importa quantas cadeiras você possua, você só tem um traseiro.

O proprietário do imóvel de "Money Honey" é um perdulário. É claro que, por ser um homem de posses, ele mesmo vai tentar cobrar o aluguel de alguém que parece não ter crédito na praça. O cantor faz o homem esperar um bom tempo, enquanto o espia atrás da cortina, até que enfim resolve perguntar ao locador o que se passa na cabeça dele. O que se passa é que os dois homens estão preocupados com dinheiro. E essa preocupação leva um a se esconder, e o outro a persegui-lo.

No final da canção, o narrador diz que aprendeu a lição, mas que lição é essa? O sol sempre nasce, o vento não para de soprar, as mulheres vêm e vão, mas antes que se possa apreciar as maravilhas da natureza ou jurar amor a qualquer uma dessas mulheres, ele precisa ter dinheiro. Trocando em miúdos, iluminação é um papo furado.

A FILOSOFIA *da* MÚSICA MODERNA

Eu lembro quando essa canção foi lançada. Conheci pessoas que achavam que os Drifters eram melhores. Outras que achavam Elvis melhor. Perdiam uma noite inteira discutindo isso. Mas nunca discutiam o preço do disco — mais uma diferença entre dinheiro e arte.

Queria ganhar um centavo para cada canção que conheço cujo tema é dinheiro: de Sarah Vaughan cantando sobre moedas caindo do céu a Buddy Guy berrando um blues sobre uma nota de cem dólares. Se você curte umas verdinhas, Ray Charles tem uma canção; a New Lost City Ramblers também. Berry Gordy construiu a Motown à base de dinheiro, os Louvin Brothers queriam grana, e Diddy sabia que tudo se resolvia com uns Benjamins. Charlie Rich cantou "Easy Money", Eddie Money cantou "Million Dollar Girl" e Johnny Cash cantava o que quisesse.

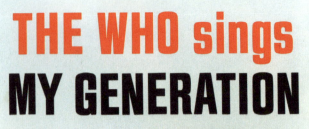

CAPÍTULO 9

MY GENERATION
THE WHO

Lançada originalmente como *single*

(Decca, 1965)

Composição de Pete Townshend

ESSA É UMA CANÇÃO QUE NÃO favorece ninguém e põe em xeque todas as coisas.

Nessa canção, as pessoas tentam dar uns tapas na sua cara e te difamar. Elas são rudes e te agridem com golpes baixos. Não vão com a sua cara porque você se esforça e arrisca tudo para chegar a um determinado fim. Você põe alma e coração em tudo que faz, além de investir tudo o que tem, porque tem disposição, força e propósito. Por ser tão inspirado, as pessoas fazem qualquer coisa para que você tenha azar; elas são alérgicas a você e estão ressentidas. Sua presença por si só as repele. Elas te olham com frieza e já estão fartas — há 1 milhão de pessoas como você no mundo, se multiplicando a cada dia.

Você faz parte de um clube seleto e está se promovendo. Tagarela sobre as pessoas da sua faixa etária, da qual é um membro do alto escalão. Você não pode esconder seu orgulho, e age com esnobismo e vaidade. Não se esforça para jogar uma grande bomba ou fazer um escândalo, você só está agitando uma bandeira e não quer que ninguém compreenda o que diz, nem mesmo para pensar e aceitar suas ideias. Olha para a sociedade com desprezo, e tudo é em vão. Você espera bater as botas antes que a senilidade chegue de vez. Você não quer ser velho e decrépito. Obrigado, não quero, vou chutar o balde antes disso. Você olha para o mundo envergonhado pela desesperança de tudo isso.

A bem da verdade, você é um homem de oitenta anos que está sendo empurrado em sua cadeira de rodas em um asilo, e as enfermeiras já estão te dando nos nervos. Você diz que tal vocês todos sumirem da minha frente? Você está vivendo sua segunda infância, não consegue dizer uma palavra sem gaguejar ou babar. Não tem nenhuma pretensão de viver no paraíso dos tolos, nem espera por isso, e torce para que isso não aconteça, bate na madeira. Você prefere morrer antes.

Fala sobre sua geração, faz um sermão, dá um discurso.

Papo reto, olho no olho.

MY GENERATION

HOJE EM DIA É COMUM assistir a um filme no celular. Aí, quando você assiste à Gloria Swanson no papel da estrela de cinema decadente Norma Desmond declarar na palma da sua mão: "Eu sou alta, são as fotos que ficaram pequenas", há nessa frase camadas de ironia que o roteirista e diretor Billy Wilder nunca poderia imaginar. É claro que alguém que está assistindo a um filme no celular prefere assistir a coisas mais curtas e rápidas no TikTok, e não a um filme em preto e branco com duração de 110 minutos.

Cada geração tem o direito de escolher e adotar o que bem entender das gerações anteriores, com a mesma arrogância e presunção ególatras que as gerações anteriores demonstraram ao se apropriar do que julgavam melhor das gerações que vieram antes. Pete Townshend nasceu em 1945, portanto está na vanguarda da geração *baby boomer*, a que surgiu logo após o fim da Segunda Guerra Mundial. A geração que antecedeu Pete e os *boomers* foi chamada "geração grandiosa" — e não é um termo de autocongratulação.

Pode ser útil fazer uma pausa para definir os termos. O que significa exatamente uma geração? Atualmente, a definição mais comum é o período de tempo no qual, estatisticamente, a maior parcela da população nascida ao longo de trinta anos controla o zeitgeist. Há pouco tempo entramos numa nova fase, na qual todas as pessoas que fizeram 22 anos a partir de 2019 pertencem à geração Z. Enquanto as pessoas fazem piadas sobre os *millenials*, esse grupo já virou notícia de ontem, está tão obsoleto quanto as gerações anteriores — os *baby boomers*, a geração X, a dita "geração frágil", os ditos "intermediários", os "neutros", os "confiáveis", os "inabaláveis", os do "grande recomeço".

Marlon Brando, assim como Elvis Presley, Little Richard e a primeira onda de roqueiros, está num limbo entre a geração grandiosa e os *baby boomers* — jovens demais para lutar contra os nazistas, velhos demais para Woodstock. No entanto, quando Brando respondeu "O que você tem?" para uma garota local que perguntou contra o que ele estava se rebelando no filme *O selvagem*, criou o cenário perfeito para os anos 1960 e a rebelião contra as comunidades perfeitinhas pré-fabricadas que os rapazes, ao voltarem da guerra, tentavam construir.

Como tantos *boomers*, Pete soa ressentido nessa canção, como se tivesse sido tratado injustamente no passado. Mas ele não está 100% confiante, parece desconcertado. De certo modo, está na defensiva, sabe que as pessoas o subestimam porque ele circula por aí. Talvez porque sinta que nunca estará à altura ou por saber que as pessoas se ressentem pelo fato de a geração dele ter tempo abundante de lazer. O que ele gostaria é que essas pessoas sumissem, desaparecessem. Ele espera morrer antes de envelhecer e ser substituído, assim como ele está substituindo outras pessoas. Pete nem consegue se defender, precisa de seu porta-voz, Roger, para lançar a injúria. Esse medo talvez seja a coisa mais honesta dessa canção. Todos nós reclamamos da geração anterior, mas sabemos que é só uma questão de tempo até nos tornarmos as pessoas que nos antecederam.

É provável que Pete tenha sido o primeiro a dizer isso. Ele tem um assento de primeira fila na história de sua geração. Sabia ler as placas de protesto contra o ódio e a guerra e, de certa forma, ajudou a pôr fim nisso tudo — agradecemos pelo seu serviço. Cada geração parece apresentar a arrogância da ignorância, e opta por dispensar o que aconteceu antes em vez de construir algo em cima do passado. Então é inútil para alguém feito Pete oferecer a sabedoria de sua experiência, contar tudo o que aprendeu percorrendo caminhos semelhantes. E, se tivesse tido a audácia de fazê-lo, provavelmente o interlocutor teria olhado para Pete e falado que não conseguia vê-lo, nem ouvi-lo.

E isso deu outra ideia a Pete.

CAPÍTULO 10

JESSE JAMES
HARRY McCLINTOCK

Lançada originalmente como *single*

(Victor, 1928)

Música tradicional

NO PASSADO, QUANDO JESSE JAMES vagava pelo interior, era perigoso ser um fora da lei. Isso significava que qualquer cidadão podia, por lei, atirar ou matar à primeira vista e pedir uma recompensa; eram homens perseguidos por toda a sociedade. Eles tinham que se disfarçar, aprender a se esconder na multidão, pois qualquer pessoa podia atirar neles — qualquer pessoa mesmo. Na verdade, foi o que aconteceu com Jesse James. Foi o que aconteceu com muitos antes e depois dele. Era uma situação muito difícil de lidar. Hoje é um pouco diferente; afinal, fora da lei é só um modo de dizer. A música country tem seus fora da lei, mas ninguém tem o direito de atirar nesses caras.

As recompensas tinham de ser muito boas, já que a pessoa se tornaria um fora da lei se atirasse em um deles. Para esses caras, os tempos modernos se estenderam pelos anos 1930 com Pretty Boy Floyd, Bonnie & Clyde e a gangue de Ma Baker. Naquela época, se o seu rosto aparecesse num cartaz de "Procura-se", qualquer um podia dar um tiro em você. Toda cautela era necessária.

Os ingleses inventaram os fora da lei. Qualquer um que atirasse num cervo do rei tinha a cabeça posta a prêmio e podia ser morto por qualquer pessoa. Virou hobby do campesinato inglês ensacar corpos. Nos Estados Unidos, John Wilkes

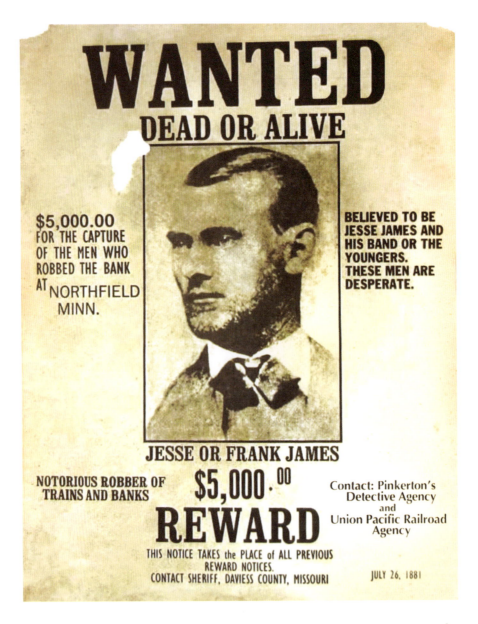

Booth foi um fora da lei; sua foto estampava cartazes de "Procura-se" e qualquer um que o encontrasse podia matá-lo e receber a recompensa. No caso de Booth, as autoridades o encontraram e não receberam recompensa, pois estavam apenas cumprindo o dever, e nenhuma outra quantia foi exigida.

Se você abrigasse um fora da lei, também havia penalidades, em geral. O FBI fez lobby para mantê-los longe do alcance de cidadãos. Era muita competição, então criaram leis que tornaram crime matar sem possuir um distintivo.

Era muito mais fácil matar um fora da lei do que prendê-lo: caçá-los nos campos atrás de altas quantias de dinheiro, como nas histórias românticas de caçadores de recompensas, significava o perrengue de ter que arrastar um fora da lei vivo sob o risco de outros cidadãos matá-lo e lhe roubar o cadáver. É claro que era mais fácil dar um tiro e acabar com a história. Bastava enfiar o cadáver numa caixa — afinal, a concorrência não era das mais espertas.

Os fora da lei são diferentes dos criminosos comuns. Um criminoso comum pode se apresentar de muitas formas: podem usar distintivos, fardas do exército e até mesmo se sentar em uma cadeira na Câmara dos Deputados. Podem ser bilionários, figurões do mercado financeiro ou especuladores na Bolsa, podem até ser médicos. Já um fora da lei não tem proteção de nenhum grupo, vive isolado da sociedade. Não tem patronos, não tem contato com a família e está desprotegido por onde anda. Ele é forçado a ser um indivíduo bruto, sem amigos e sem esconderijos. Ele não tem chance de sobreviver. Jesse James certamente não tinha.

Os fora da lei do gangsta rap e da música country não teriam alcançado uma recompensa tão alta naquela época. Seus crimes são basicamente fanfarrice e não valeriam muito no mercado. Em contrapartida, os chefões da máfia e outros criminosos de colarinho branco tocam seus negócios escusos a partir de torres muito distantes das ruas, são protegidos por barreiras de bandidos que fazem o trabalho sujo e por advogados que afastam seus nomes de seus crimes. Por isso são criminosos, não fora da lei. Estrelas do rap, os fora da lei da música country, golpistas de fundos de cobertura e mafiosos mamam nas tetas do luxo enquanto gângsteres reais, como Jesse James, se escondem nas sombras e temem a morte a cada esquina.

O lance sobre Jesse James foi que seu melhor amigo se tornou seu pior inimigo.

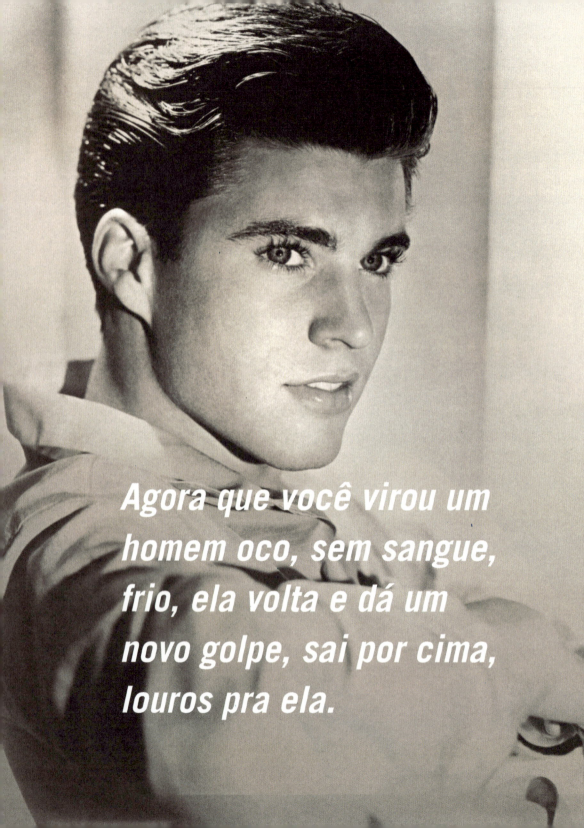

Agora que você virou um homem oco, sem sangue, frio, ela volta e dá um novo golpe, sai por cima, louros pra ela.

CAPÍTULO 11

POOR LITTLE FOOL
RICKY NELSON

Originalmente lançada como *single*
(Imperial, 1958)
Composição de Sharon Sheeley

NO PASSADO VOCÊ SE DIVERTIA com os sentimentos alheios. Você violou as regras: bastava olhar para alguém, dar atenção, as pessoas logo vinham até você e era isso.

Você fez uma farra e deixou um rastro de corações sensíveis partidos, mas a brincadeira terminou quando você topou com alguém que te fisgou pra valer, te deixou de quatro, comendo poeira. Sem dúvida, você era um tolo. Ela brincou com seu coração e te provocou com aquele jeito divertido e descontraído; ela era tranquila, alegre, despreocupada. Cobria você de mimos e carinhos, e com aquele par de olhos azuis te enfeitiçou, foi um tremendo nocaute. Ela media você da cabeça aos pés, era cativante e sagaz, além de péssima mentirosa. Sim, você era um completo idiota, sem sombra de dúvidas.

Ela contou um monte de histórias, dizia que te adorava e que te amaria eternamente, te colocou num pedestal, preencheu todos os espaços do seu ser. Você nunca tinha se deixado levar por uma impostora desse calibre.

Sim, você foi ludibriado.

Tempos depois, quando ela partiu, você sabia que ela havia sido desonesta, contado várias coisas mirabolantes que encantaram você, botando uma banca.

Agora que você virou um homem oco, sem sangue, frio, ela volta e dá um novo golpe, sai por cima, louros pra ela. *"Poor little fool"*, é, você não passa disso.

Você costumava brincar com os corações alheios como se estivesse em uma competição. Se alguém cogitasse que isso pudesse acontecer com você, no fundo não acreditaria no que estava dizendo. Até que demorou bastante, mas aconteceu. Você caiu nesse jogo imbecil e sem sentido — foi tragado.

Agora você se tornou obsoleto e ficou pra trás. Caminha à noite à beira do rio, mas a água está parada. Mexe uma perna de cada vez, outra garota põe a mão no seu ombro, mas nem sempre você está em seus melhores dias.

OS TOLOS NOS PROPORCIONARAM muitas canções.

Tantas pessoas fazem coisas tolas que não são do feitio delas. Talvez um pequeno passo mal calculado leve a um desfecho desastroso. Mas não chamaríamos essas pessoas de tolas se não tivessem vivido a vida dessa forma.

Ricky Nelson não era tolo, não saía por aí sem meias ou com plumas na cabeça, tinha sempre cartas na manga. Cartas de trunfo altas e baixas, além de todas as cartas com figuras. Um cantor de baladas rockabilly que, à primeira vista, parecia inocente e ingênuo, mas era muito profundo, na verdade. Estava sempre na vanguarda dos novos tempos, improvisando seu lugar no universo. Todos sabiam o que esperar dele.

Há muitas canções sobre tolos. Aretha abraça o lugar que alcançou numa corrente de pessoas tolas, Hank Snow se pergunta de quanto em quanto tempo surge um bobo como ele, Paul McCartney admira um tolo sobre a colina, Bobby Bland se compadece de outro enquanto o Main Ingredient está cansado de saber que todo mundo é besta de vez em quando. A lista é longa. Frank Lymon quer entender por que os tolos se apaixonam, Jerry Garcia cantou sobre um navio cheio de gente tola, Elvis cantou sobre a propensão que tinha para se apressar onde os anjos temem pisar e Anthony Newley nunca soube que tipo de pessoa tola ele foi. Ricky Nelson levou sua potência melodiosa "Poor Little Fool" para o recém-criado Hot 100 da Billboard, em 1958. Foi o primeiro *single* que o colocou no topo das paradas, marca que só voltou a alcançar de novo em 1961, com "Travelin' Man".

Mas Ricky desde sempre estava preparado para o sucesso. O programa de rádio de seus pais, *The Adventures of Ozzie and Harriet*, baseado na vida familiar deles, acabou indo parar na televisão em 1952, oito anos depois. Ricky e seu irmão mais velho, David, viraram estrelas de TV, e seu long-play *Ricky* ficou em primeiro lugar em 1957.

Ricky Nelson era a epítome do garoto norte-americano. Um esportista competitivo, estrela do futebol, campeão de tênis e artista do trapézio. Mesmo depois de quebrar a mão num treino, não desistiu. Quando se formou na escola, tornou-se membro titular do time de futebol. O pai de Ricky, Ozzie, havia sido *quarterback* titular no Rutgers antes de se tornar líder de banda e estrela de sitcom — o dom vinha de berço.

Os pais de Ricky, Ozzie e Harriet, de fato foram as fontes dos talentos de Ricky. Ozzie havia sido diretor de orquestra nos anos 1930, e Harriet, cantora de *big band*.

Vale inclusive discutir se Ricky, até mais que Elvis, teria sido o verdadeiro embaixador do rock 'n' roll. Claro, quando Elvis apareceu no programa de Ed Sullivan, todo mundo parou e prestou atenção, mas Ricky estava na casa das pessoas toda semana. Junto com o guitarrista James Burton e o resto da banda, Ricky fez o rock 'n' roll se tornar parte da família. E não só para nós, mas para o mundo inteiro: como mágica, transformou a imagem em preto e branco de uma televisão no sonho americano. Isso tudo aconteceu graças aos discos. Ricky pertenceu à geração de Buddy Holly, Little Richard, Chuck Berry, Gene Vincent, Fats Domino e outros que fizeram pessoas de todas as nações, incluindo países comunistas, se apaixonarem pelos Estados Unidos.

Mas Rick não dormia de touca: em 1959, deu uma chance à tela grande, aparecendo ao lado de pesos pesados como John Wayne e Dean Martin no filme *Rio Bravo*, um faroeste dirigido por Howard Hawks. Ricky levou o mesmo desapego emocional de suas canções para o papel de Colorado Ryan, imitando o estilo lacônico de cantar de seu pai. Ao contrário de muitos de seus contemporâneos que se deixavam levar por fortes emoções, ele estabeleceu o autocontrole como contraponto às emoções do momento, com êxito. Imaginem como teria sido sua interpretação de alguns dos papéis da época que foram oferecidos a ele, como Stanley Kowalski em *Um bonde chamado desejo*, ou Lonesome Rhodes em *Um rosto na multidão*. Mas um programa semanal de televisão e as demandas de um artista de gravadora já o sugavam até os ossos, então nunca tivemos a oportunidade de ver seu desempenho.

Poucos anos depois, como de costume, a roda girou: tentaram relegar Ricky ao circuito das *oldies*,* mas Ricky não aceitou sem protestar. Em 1971, Richard Nader tentou contratá-lo para um show de *oldies* do rock 'n' roll. Ricky topou com duas condições: eles tinham de chamar o evento de "Rock 'n' Roll Spectacular" e ele deveria ser anunciado como "Rick" — não Ricky — Nelson. Ele conseguiu que mudassem seu nome e o nome do evento. Nada disso veio à tona quando Ricky tocou no Madison Square Garden naquela noite.

Bo Diddley, Chuck Berry, The Coasters, Bobby Rydell, havia uma pá de artistas. Todos mandaram bem, tocaram seus sucessos. Rick foi o único que tentou apresentar coisas novas. Ah, até tocou alguns sucessos, mas também suas canções mais recentes. As pessoas vaiaram.

Tempos depois ele escreveu uma música sobre esse dia, chamada "Garden Party", e levou a canção à lista das dez mais tocadas. As pessoas que estiveram lá e viram seu show nem sequer se reconheceram naquela canção.

* *Oldies* é um termo comumente utilizado para definir músicas produzidas nos anos 1950 e 1960, sobretudo ligadas aos primeiros anos do rock, comuns em antigos repertórios de rádio. Elvis Presley e Frank Sinatra são exemplos clássicos.

CAPÍTULO 12

PANCHO AND LEFTY WILLIE NELSON E MERLE HAGGARD

Originalmente lançada no álbum *Pancho & Lefty*

(Epic, 1983)

Composição de Townes Van Zandt

UMA PARTE IMPORTANTE DA COMPOSIÇÃO,

assim como da escrita em si, é a edição — momento de destilar o pensamento e reduzi-lo ao essencial. Escritores iniciantes, em geral, se escondem nas ornamentações do texto. Em muitos casos, a arte está no não dito. Como diz o velho ditado, um iceberg se move com graça porque a maior parte está submersa. Dito isso, é uma premonição que John Townes Van Zandt tenha abandonado o prosaico nome de nascença logo cedo, reduzindo sua identidade a uma inesquecível sequência de sílabas.

Peixe fora d'água nascido em uma família abastada, Townes buscou se encaixar no sistema ao se tornar advogado como seu pai. Uma adoração por Elvis Presley e inúmeros entorpecentes estragaram seus planos. Batalhas intermináveis contra a depressão e o vício o tornaram introspectivo e extraíram canções sombrias e desoladas dos abismos de sua tristeza. Diagnosticado maníaco-depressivo, Townes foi submetido a tratamentos com choque elétrico e doses massivas de insulina. Esses procedimentos destruíram porções de sua memória

— provavelmente, esse é o motivo de suas músicas despertarem uma sensação de distanciamento esquelético.

A universidade e as Forças Armadas não comportaram uma alma poética tão consternada e fragmentada, e os sonhos com Elvis Presley foram substituídos por um amor pelas canções mais tristes de Hank Williams. Ele ficou à deriva, bebia. O Texas era repleto de músicos para prestar atenção e com quem aprender: Guy Clark, Gatemouth Brown, Jerry Jeff Walker, Butch Hancock, Doc Watson, Lightnin' Hopkins, Mickey Newbury e Willie Nelson. Newbury o levou para Nashville e o apresentou ao cowboy Jack Clement, um homem que era familiar a comportamentos extremos, pois já tinha produzido Jerry Lee Lewis. Esse encontro deu início a um capítulo prolífico, tumultuado e, por fim, desastroso da vida de Townes, culminando em processos, acusações e fitas *master* apagadas.

Uma forma de saber a estatura de um compositor é observar as pessoas que cantam suas músicas. Townes contou com alguns dos melhores — Neil Young, John Prine, Norah Jones, Gillian Welch, Robert Plant, Garth Brooks, Emmylou Harris e centenas de outros. Outra forma de saber a estatura de um compositor é se perguntar: suas canções ainda estão sendo cantadas? As de Townes estão. Toda noite — em pequenos *clubs*, na solidão dos quartos e onde mais as pessoas de coração partido estiverem assistindo às sombras aumentarem de tamanho.

A pior coisa de uma canção como "Pancho & Lefty" é que ela encheu os bolsos de Townes com dinheiro suficiente para ele se envenenar. Ele morreu no dia de Ano-Novo. Assim como seu ídolo Hank Williams morreu 44 anos antes.

"Pancho & Lefty" é um conto épico e panorâmico, cantado e produzido com extrema beleza, interpretado por dois dos cantores mais icônicos da modernidade. Willie Nelson era capaz, como dizem, de cantar a lista telefônica e fazer as pessoas lacrimejarem — poderia inclusive compor a lista telefônica —, e Merle não fica atrás.

Willie, antes de sua carreira musical, vendia bíblias de porta em porta. Se considerarmos a comoção de seu desempenho vocal como uma pista de seu mag-

netismo pessoal e de sua indubitável honestidade, então ele deve ter sido o responsável pelas vendas de metade das bíblias que circulam nos Estados Unidos.

Um conto de bandidagem com duas figuras centrais — um revolucionário pistoleiro fanfarrão que usa um sombreiro enorme, Pancho, e um herói honky-tonk relaxado de voz melosa, Lefty. Eles pegam a estrada para lugar nenhum nos desertos do velho México. Pancho tem um cavalo tão rápido quanto um piloto da Nascar, e Lefty não pode cantar blues, pois tem um problema na boca causado por algo que Pancho ou os Federales fizeram. Ele nem consegue falar, que dirá cantar. Ele some no mundo e acaba no lado baixo de Cleveland, num hotel pulguento, em uma viagem de fim de semana perdido, com trinta moedas de prata e uma pistola para estourar seus miolos.

Pancho é um filhinho da mamãe, totalmente indisciplinado e autocentrado. Ele sempre foi encorajado a opinar sobre as coisas que desconhece. Pancho e Lefty são o par perfeito, mas nenhum dos dois consegue encontrar sua metade da laranja.

Os desfavorecidos (O Mundo Honesto), camponeses oprimidos, se cagam de medo do desalmado Pancho. Ele tira tudo dos camponeses, fazendo-os sofrer. Lefty já faz o tipo traidor. São dois ladrões rebeldes. O establishment aristocrático, os latifundiários da classe alta sabem se proteger deles, e as classes mais baixas não têm muito a oferecer, então eles atacam a classe média, tiram vantagem e exploram seus falsos valores — materialismo, hipocrisia e insegurança.

Pancho também é quem consegue álcool, drogas e sexo para eles. Pancho é o cara. Em determinado momento, ele quebra um acordo que fez com os Federales e seu fim é automático. Em outra vida, Pancho estaria na arena de uma tourada e Lefty no palco de música country Ryman.

Pancho e Lefty. Reflexos um do outro. Nenhum deles pensou em como sair de cena com êxito.

CAPÍTULO 13

THE PRETENDER
JACKSON BROWNE

Originalmente lançada no álbum *The Pretender*

(Asylum/Elektra, 1976)

Composição de Jackson Browne

PODE-SE AFIRMAR QUE ESSA É UMA das grandes canções de Jackson Browne, do álbum *The Pretender*. Os The Platters cantaram "Great Pretender" em 1955, mas, como tantas coisas, até os *fingidores* perderam o valor entre as décadas de 1950 e 1970.

★ ★

O FINGIDOR É UMA AMEAÇA para a igreja e para a sociedade. Ele não pensa na velhice e tem uma curiosidade raivosa pelo sexo oposto. Ele se engrandece e sempre se rende à terceira pessoa. O fingidor é alguém que se vendeu por um pedacinho do sonho americano. Ele é um sorveteiro, um bêbado bem bêbado, um agiota, um competidor — o fingidor tem magnetismo.

Ele está em movimento, está sempre indo para a Califórnia. O fingidor dobra qualquer aposta, se esquiva do que o desagrada — e ele é bom em tirar o corpo fora. Ele é escorregadio, vai te embriagar, te amarrar e te bombardear com slogans. O fingidor não fica na fila da comida, sempre prepara um lanchinho, mantém o emprego, vai pra casa e relaxa, vai dormir e levanta no outro dia de manhã e começa tudo de novo como se fosse um bis. A vida dele é um disco arranhado e ele tem resposta pra tudo. Para ele, o amor é uma tarefa perigosa, e seu sucesso está atrelado a ser alguém que ele não é.

Ele está preso ao mundo das pequenezas, o mundo dos pagamentos, no qual as sirenes cantam e os sinos da igreja tocam, e a luz da manhã consegue penetrar. A luz onisciente, a luz esclarecedora, a luz tão luminosa que o deixa cego como um morcego. Ele atua no longo prazo, preso entre o ridículo e a sujeira — o nada e o nem — ele é o veterano em busca de mais uma guerra — preso à máquina da corrupção, desconsidera tudo que vem rápido demais, essas coisas ele não suporta. Ele aprecia as coisas que demandam tempo, que dão completude à sua vida. Os fardos dos outros vão sobrecarregá-lo, assim como seu anseio pelo amor.

Ele está passeando ao luar, trafega como se desfilasse na avenida, nunca para o veículo no sinal vermelho, não quer virar fóssil nem múmia. Ele cruza o crepúsculo, quando o ar fica mais frio e cortante, onde amantes acham tudo engraçado e dão gargalhadas e risadinhas, mas também entram em grandes duelos, dilaceram o mundo e mutilam tudo que está à vista, rosnam e digladiam como cães. Ele vê tudo isso, com óculos escuros para esconder os olhos. Mas ele não tem olhos, coração ou alma, só buracos vazios e um apetite sexual voraz.

Ontem à noite ele ouviu jazz no rádio, Mingus, Brubeck e Monk, e caiu no sono em outro semáforo, ficou pensando sobre utopia, uma terra de que ouviu falar em um sonho. Ele acha que um belo dia encontrará tudo que foi perdido ou deixado para trás, que vai conhecer uma garota que vai mostrar o verdadeiro significado de uma risada, então vai fazer amor com ela até ficar exausto, até perder todas as forças, até que sua masculinidade se torne inexistente — e aí vai se levantar e começar tudo de novo. Ele já tomou essa decisão. Vai sair pra almoçar, um perfeito idiota, e com sede ao pote. Vai comprar tudo o que estiver exposto nas vitrines e conquistar tudo o que vê nos comerciais. Não importa o que seja, ele vai comprar, independentemente da mensagem do folheto. Ele será obstinado e vai acreditar em tudo que seja lucrativo, tudo em que vale investir uma grana. Ele vira a página, a rua é dele, lá vem ele.

THE PRETENDER

Ele já foi jovem e imaturo, mas valente e turrão como um prego, mas se rendeu, levantou a bandeira branca. Achou que seu amor poderia lidar com qualquer um, mas não deu. Se você quer fazer uma oração para o fingidor, vá em frente, mas tenha cuidado. Algo pode incomodá-lo de um jeito torto. O fingidor não admite a banalidade. Ele já deixou isso bem claro.

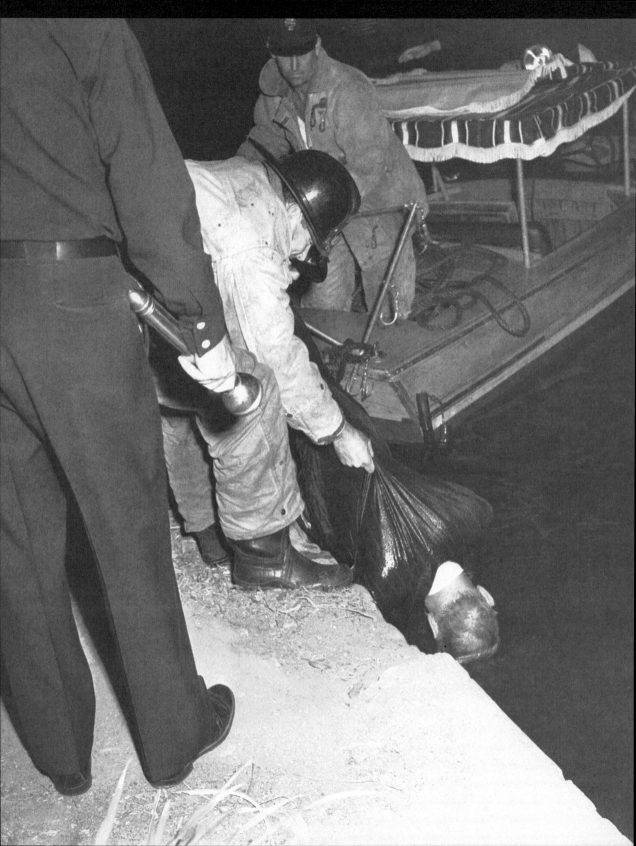

CAPÍTULO 14

MACK THE KNIFE
BOBBY DARIN

Originalmente gravada no álbum *That's All*

(ATCO, 1959)

Música de Kurt Weil

Letra de Bertolt Brecht

SE VOCÊ FOI UMA CRIANÇA ITALIANA criada na costa oeste dos Estados Unidos, nas décadas de 1940 e 1950, é provável que quisesse ser Frank Sinatra. Você habitava o corpo dele, vivia e respirava ele, tudo era sobre ele: o jeito como se vestia, a maneira como cantava, o modo como as garotas se apinhavam ao seu redor e desmaiavam. Bobby Darin deve ter caído nesse feitiço. Mas ao passo que Sinatra praticamente inventou a Igreja Católica Romana, Darin era só um coroinha. Frank tinha os fortes fundamentos de um bom personagem: seu pai havia sido um boxeador peso-galo e sua mãe, uma negociante habilidosa e cheia de contatos na política. Darin, por sua vez, não sabia quem era seu pai e achava que a mãe era sua irmã. Ele não tinha qualquer suporte e teve que se virar sozinho. Enquanto Sinatra tinha grande abertura para todos os níveis, Darin provavelmente sentia-se parte da ralé.

Essa canção é da peça alemã *A ópera dos três vinténs*. Não era exatamente uma ópera, mas uma peça musical. O outro lado é *Porgy and Bess*, que também é considerada uma ópera, ao menos por George Gershwin. Não se tratava de ópera, e sim da história simples de duas pessoas, com algumas músicas salpicadas. No entanto, essas duas "óperas" apresentam personagens incomuns. Sportin' Life e Mingo, Strawberry Woman, Crab Man, Scipio, entre outros. Nomes excêntricos como esses também aparecem em *A ópera dos três vinténs*: Polly Peachum, Tiger Brown, Filch, Mack the Knife, e por aí vai. *Porgy and Bess* se passa em Catfish Row, é uma peça que exalta o cafetão, a prostituta, o traficante e, em geral, o assassinato. *A ópera dos três vinténs* faz praticamente a mesma coisa, mas num nível mais sinistro. Também é um mundo de ladrões, batedores de carteira e traficantes de drogas. Um mundo de ladrões de galinha, cafetões gângsteres, assassinos que fumam charutos — a subcultura a que o hitlerismo pôs fim. E uma de suas músicas, claro, é "Mack the Knife".

Bobby Darin estourou nas paradas musicais norte-americanas com seu hit adolescente "Splish Splash", uma macaquice de canção, na qual seu estilo de estalar os dedos e cantarolar foi muito usado pelo rock 'n' roll. Havia semelhanças entre ele e Frank? Talvez. Era melhor pensar assim. Mas Darin se encaminhava para um beco sem saída e Frank só prosperava. Darin também poderia ter sido uma estrela de cinema, e até certo ponto foi um bom ator por mérito próprio. Mas os papéis já tinham vindo e ido embora. Frank conseguia encarnar personagens em filmes como *Meu ofício é matar*, *Chorei por você*, *Sob o domínio do mal*, entre outros. Darin também poderia ter feito esses papéis, mas eles já eram passado e ele teve de se contentar com papéis secundários em filmes bizarros.

Darin também cantava em Las Vegas, mas é difícil imaginá-lo como parte de um grupo como o Rat Pack. Caso isso tivesse acontecido, é de se pensar quem seriam os outros integrantes. Ben E. King? Wayne Newton? Robert Blake? Tuesday Weld? Somente em sonhos. A combinação mais esquisita e notável, no entanto, foi a campanha que Frank fez para John Kennedy, na qual foi possível vê-lo na Casa Branca, cantando no baile da posse, enquanto Darin só conseguiu fazer uma campanha incansável para o mártir e irmão mais jovem do presidente, Bobby. John Kennedy foi de fato eleito presidente, mas Bobby Kennedy foi morto antes mesmo de chegar lá. Tanto Sinatra quanto Darin ficaram abalados. Sofreram uma desilusão semelhante. Há outras semelhanças também, que só podem ser encontradas na metafísica.

A entonação em "Mack the Knife" ascende até que se tem a impressão de que ela vai explodir. É uma balada assassina, e a versão de Darin é tão boa que talvez seja a melhor de todas. Aqui, ele está no seu auge. Ele continuou tentando seguir a fórmula de Frank, mas era impossível — o mundo só tinha lugar para um Frank. Ninguém poderia seguir a mesma estrada. Nem Tony, nem Dean e definitivamente tampouco Bobby Darin.

"Mack the Knife" é essa tal estrada escura.

CAPÍTULO 15

WHIFFENPOOF SONG
BING CROSBY

Originalmente gravada como *single*
(Decca, 1947)
Música de Tod B. Galloway
Letra de Meade Minnigerode e George S. Pomeroy

ESSA CANÇÃO É UMA CAVEIRA SORRINDO. Uma música para um grupo seleto, uma canção com pedigree, uma canção indexada na *Social Register*.* Não foi feita para a classe média compreender — parece esconder um segredo profundo e sombrio. Das mesas do Mory's para o misterioso Louie e o velho estimado Temple Bar. Palavras de sabedoria para quem sabe do que se trata. Parafraseia Kipling e lista algumas canções que ninguém ouviu. Tantos ossos e esqueletos nessa canção. Até mesmo a palavra "Whiffenpoof" soa como se fosse dissipar espíritos, e a melodia é antiga — o último suspiro, o começo do fim. Essa é uma canção cantada por pagantes de um círculo mais restrito.

A maioria das pessoas, hoje em dia, nem sabe que conhece a canção. "Whiffenpoof" é só uma palavra alienígena para elas. Mas comece a cantar *"We're poor little lambs who have lost our way"* e tenha certeza de que as pessoas complementarão com *"Baa! Baa! Baa!"*. Bing canta de forma tão direta, sem piscadela ou dose de ironia, que você imagina que deve haver um significado mais profundo.

* Publicação dedicada a indexar as famílias mais abastadas e poderosas da elite norte-americana.

Soldados caem na farra, condenados à eternidade. Essa canção pertence a todo mundo, à ordem fraterna, à máquina política, à maioria silenciosa e à riqueza das nações. É predeterminada, ordenada e vem direto do livro do destino. Terrível e sem esperança. Garantia de mantê-lo alegre. É distante e inacessível — uma canção cabalística com mensagem codificada. Cante-a e ela passará a ser completamente sua.

CAPÍTULO 16

YOU DON'T KNOW ME
EDDY ARNOLD

Originalmente gravada como *single*
(RCA Victor, 1956)
Composição de Eddy Arnold e Cindy Walker

VOCÊ NÃO GOSTA DE CONVERSINHA FIADA

e não quer que as pessoas ponham palavras na sua boca, então não fala nada. Não consegue desenvolver a conversa — está numa sinuca de bico e não tem nada a acrescentar.

Você tem um desejo ardente, uma ânsia e uma paixão louca por alguém, mas essa pessoa não sabe nada a seu respeito. Acha que te conhece bem, mas está equivocada, ela sempre teve uma impressão errada. Como poderia conhecer você? Como saberia os sonhos loucos que você tem, as fantasias, os pesadelos e os pensamentos mais íntimos, todas as coisas que você proíbe essa pessoa de saber? Impossível.

Como você espera que ela te conheça se não é seu alter ego nem seu duplo? Para ela, você não passa de um patrono, um sócio, um benfeitor — você nunca passou disso.

Essa pessoa se despede centenas de vezes e pouco importa a despedida, mas sim as palavras que ela usa e diz como se não conhecesse você. E por que gostaria de conhecer você, um solitário arisco que não sabe nada sobre a construção do amor, amor do tipo manufaturado e propagandeado? Você não tem aptidão nem

experiência. Não sabe fazer beicinho e ser amoroso. Ao que tudo indica, ela tem uma quedinha por você, mas isso o deixa abalado e aterrorizado, então não há possibilidade de conexão. Você não vai arriscar sua pele nem abrir o jogo.

Todo o seu íntimo está em dor profunda e se contorce por causa dessa pessoa. Além do mais, você ainda tem que vê-la indo embora com o sortudo que tem todos os ases na mão. Não é fácil. Você não quer todo o amor dela, só um pouquinho.

Um pouco de cada vez, constantemente — dia e noite espaçados pelos anos. Isso é tudo o que você pede. Pra você, essa pessoa é maior que a vida; pra ela, você nem existe. Que maldição.

★ ★

EDDY ARNOLD CRESCEU NUMA FAZENDA, mas

também trabalhou no ramo funerário. Seu gerente era o coronel Tom Parker, que apelidou Eddy de "Coveiro Caipira" — nem mesmo Solomon Burke se autodenominou assim.

Você não chama alguém sentado em um trator de caipira. Tudo isso aconteceu contra a vontade de Eddy Arnold. O coronel Tom Parker adorava dar apelido aos clientes. Já com anos de estrada, intitulou Elvis Presley de "Gato Jeca", Johnny Cash de "O Caiçara" e Hank Snow de "Guardinha Lírico".

Um *serial killer* cantaria essa canção. A letra, de certa forma, é um indicativo. Os *serial killers* têm um senso de linguagem estranhamente formal e podem se referir ao sexo como à arte de fazer amor. Sting poderia ter escrito essa letra no lugar de "Every Breath You Take". Ele também vê a moça ao lado de outro sortudo. Como você não sabe onde a ação está acontecendo, imagina que seja dentro da cabeça do cara, pelo menos até que ele decida pegar uma faca.

E aí é a realidade nua e crua.

Você está agindo do modo como as pessoas esperam que você aja, mas é uma luta. Objetos pontiagudos voam pelos ares. Você se esforça para absorver tudo e manter a cabeça fora d'água.

CAPÍTULO 17

BALL OF CONFUSION
THE TEMPTATIONS

Originalmente gravada como *single*
(Gordy, 1970)
Composição de Norman Whitfield e Barrett Strong

NESSA CANÇÃO, TUDO SAI DOS TRILHOS. O eixo terrestre parece ter se inclinado um pouco, e mudanças climáticas radicais assolam o planeta. Caos por toda parte — preconceito, morte, fome, destruição. O planeta rola feito uma bola e você vai junto. É uma época turbulenta, maltrapilhos perambulam pelas ruas. A anarquia impera, o ar está cheio de veneno e toda a cidade está desorganizada, nada está no lugar. Seu dinheiro não tem valor nem influência sobre qualquer pessoa. Você caminha com insegurança, as pessoas dizem "prossiga", e você segue a marcha, confiante no grande Googa Mooga,* sua divindade pessoal.

A hostilidade e a desordem são como um sonho horrível, você se sente isolado e encurralado. As questões conturbadas do dia te deixaram desconcertado, sem conseguir descrever o que está testemunhando — você é incapaz de provar qualquer coisa, e mesmo que pudesse, ninguém te daria ouvidos. Tudo é suspeito e perigoso. Você está bem no centro disso tudo, é um alvo fácil, e segue apelando para o grande Googa Mooga e implora por uma rota de fuga.

* "Good googa mooga" é uma canção do The Magic Tones, de 1953, que virou uma expressão denotando admiração e surpresa.

A FILOSOFIA *da* MÚSICA MODERNA

As coisas estão tensas e você arruma confusão com todo mundo. Sangue corre nas ruas, há terremotos no próximo quarteirão, mulheres estupradas na esquina, naves espaciais decolam. Tudo é instável. A cada dia, uma nova forma de opressão. Você está agindo do modo como as pessoas esperam que você aja, mas é uma luta. Objetos pontiagudos voam pelos ares. Você se esforça para absorver tudo e manter a cabeça fora d'água. Você costumava nutrir grandes esperanças, grandes desejos, aspirava curar os loucos e praticar a abstinência. Queria ser o advogado dos pobres, mas agora não consegue retomar aqueles pensamentos. Esta é a vida.

O chefe político também, o velho beijador de bebês que ganhou seu voto. Ele prometeu que você viveria em liberdade, mas se mostrou um covarde e fugiu para as colinas, menosprezou você e o tratou com indiferença. Tudo está podre e maculado, até seu irmão bebum, que segue falando de amor, mas o que isso significa para você?

Quanto mais você pensa no assunto, menos entende seu significado.

As crianças também, se desenvolveram muito rápido, já estão batendo na altura das árvores e viraram alvos fáceis. Você está perplexo, não consegue ter paz de espírito. Tudo ao redor se desintegra e cada vez mais se distancia da vida normal. Você diz isso ao grande Googa Mooga, conta tudo a ele, e salve-se quem puder.

O novo álbum dos Beatles te inebria — mas você não faz ideia do que escutou.

A atmosfera ao redor explode em pedacinhos. Mais brutalidade, mais carnificina, a máfia no comando patrulhando as ruas. Isso te deixa enjoado, com a pele arrepiada. Sonny e Cher tampouco saem do seu ouvido, e a batida não para. Além do mais, sua carteira sumiu.

O Oriente Médio está em chamas, e uma inundação acaba de arrastar grande parte de um quarteirão da cidade. Você acaba de cruzar com um funeral grandioso e desacelerou para vê-lo passar calmamente. Você não tinha aonde ir e estava desequilibrado, há medo no ar, um pânico terrível te deixa sobressaltado. Um ectoplasma bizarro sai dos esgotos e revira seu estômago. O que mais pode estar errado?

Os fiscais da prefeitura estão atrás de você por infringir a lei, alguém te caguetou. Os cobradores também estão atrás de você, querem dinheiro, e suas despesas estão nas alturas. Você está desmoralizado e constrangido, e ainda querem inspecionar sua arma. Você segue invocando o grande Googa Mooga, tenta se comunicar. Pede entendimento aos antigos sábios.

E a coisa se repete infinitamente, a cada dez segundos outra notícia, outro escândalo, mais manchetes, surgem novos comentaristas e eles dão calafrios. Tudo o que você toca se deteriora. Todo mundo quer complicar sua vida e todos parecem ter um defeito de um tipo ou de outro.

Funcionários públicos traíram sua confiança e pedem que você doe coisas para outro projeto beneficente. É uma selva lá fora e as coisas se tornam irreconhecíveis. Você está exausto de tudo isso e precisa de algo para recobrar suas forças. Procura um lugar seguro, um santuário, e acha que talvez vá morar com os indígenas. Você procura uma passagem secreta até lá. Você queria estar em todas as coisas e agora está bem no meio de tudo.

No entanto, mais uma vez, as coisas podem não ser tão simples, talvez você esteja alucinando, exagerando, perdendo a noção. Ou talvez seja apenas uma pessoa de difícil convivência. Essa é uma canção na qual o cantor passou bastante tempo especulando e agora está pronto para entrar em ação. É uma canção sobre a condição humana, e as regras não servem de nada.

DEZ ANOS FAZEM DIFERENÇA.

Uma década antes, Barrett Strong foi o primeiro artista da Motown a cantar a grande canção sobre ganância, "Money (That's What I Want)", de sua autoria. Então, em 1970, em parceria com Norman Whitfield, ele escreveu uma das poucas canções sobre consciência social que não é constrangedora e que deu a ele a oportunidade de agradecer publicamente ao grupo que fez um cover de seu primeiro sucesso e que lhe rendeu um bom dinheiro.

Talvez esse seja o ponto alto de tudo o que Barrett Strong e Norman Whitfield escreveram. E eles escreveram uma batelada de grandes canções: "I Heard It Through the Grapevine", "I Wish It Would Rain", "Cloud Nine", "Runaway Child, Running Wild", "Too Busy Thinking About My Baby", "I Can't Get Next to You", "War", "Just My Imagination", "Smiling Faces Sometimes", "Papa Was a Rolling Stone".

Escrever uma canção como essa parece fácil. Primeiro, faz-se uma lista de coisas que as pessoas detestam. Geralmente, elas não gostam de guerra, fome, morte, preconceito e destruição do meio ambiente. Em seguida, vem a armadilha das rimas fáceis. Revolução/evolução/poluição. Segregação/manifestação. John Lennon se deu bem porque tinha um senso de humor descarado para compor uma música de luau pós-moderno ao criar os termos *bag-ism* e *shag-ism*. Porém, com mãos menos firmes, alguém também pode compor uma canção sobre os elementos da tabela periódica e embutir rimas com *calcium*, *chromium* e *lithium*.

De alguma forma, Barret e Whitfield conseguem evitar essas armadilhas e muitas outras, mesmo que invoquem canções atuais como "Eve of Destruction" e "Indian Reservation". O que convence em "Ball of Confusion" é o compromisso.

Dá pra notar um padrão na composição deles. Problemas sociais, questões da natureza humana — eles podiam até tentar esconder o que queriam dizer e ainda assim dizê-lo. Em geral, compositores escrevem algumas canções ruins — se não muitas. Mas esses caras parecem não ter composto uma só canção ruim. Tudo o que escreveram é significativo e verdadeiro. O modo como as coisas são de fato.

Eles viam e contavam, sem pestanejar. Olhavam para a escuridão e irradiavam luz. Então, seguem avançando e clareiam outro tipo de escuridão. Mas sempre é escuridão, afinal não se pode iluminar a luz. Eles não são pastores. Essa canção se parece com um programa antigo de rádio, no qual apenas imaginamos o que ouvimos. E foi feita para propiciar uma experiência intensa. Não se pode televisionar essa canção, ela nunca caberia numa tela.

"Ball of Confusion" é um pré-rap. Se você está andando por aí meio bêbado e despreocupado, essa canção certamente vai deixá-lo sóbrio. O grande lance é que ela é tão verdadeira hoje como era no dia em que foi gravada. Também apresenta diferentes interlúdios musicais, como numa canção de Roy Orbison. Vozes diferentes se revezam nas partes da canção. Mas as declarações são sérias, ao contrário dos The Coasters, que faziam algo semelhante, mas com conversa fiada. Precisamos voltar a escutar essa canção, sem parar. Podia ter sido escrita ontem. Poluição do ar, revolução, controle de armamentos, aumento de impostos, humilhação, obrigação perante a nação, "vote em mim, você vai viver em liberdade". Sem contar a atualidade do "*rap on, brother, rap on*" [vamo nessa, irmão, partiu]. Ninguém está interessado em aprender. O único lugar seguro para viver é uma reserva indígena. Policiais, cobradores, população desordenada. Tudo corre solto. Dez pessoas falam ao mesmo tempo. Só não vê quem não quer. E os Temptations são perfeitos para isso, são uma grande banda.

Alguns anos atrás, a Motown lançou as faixas vocais dos hits dos Temptations, incluindo essa, sem a base instrumental. Por mais belas e poderosas que sejam as bases, é maravilhoso ouvir os Tempts ao redor do microfone, em conexão direta como o bom e velho doo-wop, harmonias precisas em tempo real, abordando os problemas mais reais da época. Uma canção é muito melhor quando é possível acreditar nela.

Além do mais, Stevie Wonder toca gaita nessa canção.

STAR detective
CASES

DELL

25c

A LITTLE
LOVE...
A LITTLE
POISON

CAPÍTULO 18

POISON LOVE
JOHNNIE AND JACK

Originalmente lançada como *single*
(RCA Victor, 1950)
Composição de Mrs. Elmer Laird

CANTAM COMO SE FOSSEM IRMÃOS, mas não eram. Como Bailes Brothers, Stanley Brothers ou Everly Brothers. De alguma forma, esses caras conseguiram transcender tudo isso e cantaram como os irmãos que deveriam ter sido. Cantam como se fossem uma pessoa só, e cantam de tudo: sabiam cantar rumba e rock 'n' roll, rhythm and blues, doo-wop e até bluegrass country. Eles já eram adeptos do ecletismo bem antes de Nashville reconhecer isso. Cantavam como se estivessem cuspindo fogo.

Johnnie and Jack deveriam estar no Country Music Hall of Fame, mas não estão. É óbvio que são radicais demais para o que quer que seja a definição de música country. Foram deixados de lado em favor de Barbara Mandrell, George Strait e The Statler Brothers. Evidentemente, Johnnie and Jack não são country o bastante. Mas, na verdade, são country e muito mais. Estão mais próximos do rockabilly e do rock 'n' roll, então só por isso não deveriam ser menosprezados. Gene Vincent também não está no Country Music Hall of Fame, tampouco Warren Smith ou Billy Lee Riley. Johnnie and Jack são muito extremos para o country convencional. Também deveriam estar no Rock & Roll Hall of Fame, mas não estão — e nem no Rhythm & Blues Hall of Fame. Mas merecem estar em todos os halls da fama, porque são pioneiros — pioneiros do mais alto nível — e não fazem grandes esforços para agradar ninguém.

O problema dos halls da fama é que eles celebram versões sanitárias da vida crua. A música country é encontrada na igreja aos domingos de manhã porque passou a noite de sábado numa briga de faca e tentando convencer a garçonete a levantar a saia na altura dos quadris. Sem a tensão dinâmica de culpa pelo bacanal, ela se torna um proselitismo sem graça ou uma farra vazia.

O rock 'n' roll deixou de ser um tijolo arremessado pela janela e virou status quo — desde os engomadinhos com jaquetas de couro fazendo discos de rockabilly, passando pelos cintos de fivela do Kiss, vendidos em lojas de shopping, até as tatuagens temporárias de papel do Thug Life. A música acaba marginalizada à medida que os burocratas constantemente recalibram a relação risco-retorno de acordo com o gosto popular.

"Poison Love" é amor ilícito. Ao contrário do que a maioria acha, quando você paga por sexo, o preço sempre será o mais barato que existe. Relacionamentos complexos têm um preço alto. Melhor ir ao bordel ou ao puteiro. Não é um amor perfeito, mas é menos problemático. Você não vai sair de lá cantando sobre amores venenosos. Você recebe pelo que pagou (se tiver sorte) e sai ileso, sem mágoas. Nada vai deixar você pra baixo. Como dizem na Austrália, *"no worries"*. Amor venenoso, pior coisa. Isso mata. Muita gente por aí não consegue viver sem uma dose diária.

Navega em direção
à sua vida — seu destino
final. Você consulta a
bússola, a carta náutica,
o horóscopo.

CAPÍTULO 19

BEYOND THE SEA
BOBBY DARIN

Originalmente lançada como *single*
(Atlantic, 1958)
Composição de Jack Lawrence e Charles Trenet

NESSA CANÇÃO, SUA FELICIDADE encontra-se além da vastidão do mar e, para chegar lá, você precisa cruzar o grande desconhecido.

Você ultrapassa todos os limites e adentra a profundeza salgada — guiado pelas estrelas, calculando longitudes e latitudes. Você é o capitão e navega rumo ao seu centro nervoso, que aguarda na costa da praia fértil e rosada. Ela também está lá esperando por você, sentadinha — ela te procura e observa cada barco que chega. Veleiros, escunas, saveiros. Adiante e adiante, você navega e atravessa o mar aberto, zarpa no azul infinito do céu. Navega em direção à sua vida — seu destino final. Você consulta a bússola, a carta náutica, o horóscopo. Todo o hemisfério comandado por você, bem ali no seu campo de visão.

É um dia bom, talvez o primeiro até hoje. Vinte e quatro horas por dia, noite e dia, as brisas pertencem a você e as ondas são suas amigas. Você está indo para o lado de lá, acima e além, ultrapassa todas as barreiras. Desde sempre fez essa viagem, surfando a crista de uma onda alta e serpenteante em direção a um lugar do qual nunca ouviu falar. Você é o capitão.

Em breve, os bons ventos soprarão e você verá as luzes do porto. Logo vai chegar à cidade e jogar a âncora, e ela estará à beira-mar, nas areias de ouro eterno.

Em breve, você vai se desligar do mundo e se religar ao infinito. Vocês vão se aconchegar num abraço e se beijar, todos os dias daqui em diante, um feriado gostoso. Maravilhosamente brilhante, como era de esperar. Você vê tudo do ângulo mais adequado, voltou ao lugar de origem. Nunca mais viagens para galáxias distantes. Chega de navegar para as trevas do sobrenatural. Nunca mais você vai velejar, vai deixar tudo de lado e abrir o guarda-sol. Você desiste quando está ganhando.

ESSA CANÇÃO É FRANCESA, originalmente composta por

Charles Trenet, praticamente intraduzível. É uma canção sobre o mar e toda a alegoria que ele representa. Bobby Darin sabia soar como qualquer pessoa e cantar em qualquer estilo. Foi o cantor mais flexível de seu tempo. Ele poderia ser Harry Belafonte. Ele poderia ser Elvis. Ele poderia ser Dion, poderia ser um cantor de calipso, cantar bluegrass ou folk. Ele era um cantor de rhythm and blues. O cara era todo mundo, mas esse é o problema dos camaleões: se você não observar as mudanças de cor, eles se parecem com um lagarto qualquer. A singularidade reside em sua natureza transformadora. Então, justiça seja feita, Bobby Darin foi mais que um camaleão, pois incorporava cada um de seus disfarces com garra e entusiasmo e, mesmo quando estava descansando, seu talento vibrava.

Talvez tenha vivido cada apresentação com tanta intensidade porque não esperava viver o suficiente para reservar algo para o dia de amanhã. Embora tenha morrido jovem e tragicamente, com o coração abatido pela febre reumática, viveu mais do que a expectativa dos médicos. Cada canção era como se fosse a última — mas isso não explica suas múltiplas personas.

Talvez fosse porque ele tinha dúvidas sobre quem realmente era. Assim como Eric Clapton, Jack Nicholson e uma lista de nomes assombrosa de grande, Bobby viveu numa família em que a mentira tinha papel central. Foi criado pela pessoa que ele achava ser a irmã, mas, na verdade, era sua mãe, que tinha engravidado bem jovem, fora do casamento, e escondeu a gravidez até o fim, criando-o como se fosse seu irmão. A mãe amorosa que ele achava ter na verdade era sua avó. Só isso já bastaria para entrar no show business.

As pessoas inventam vidas novas para esconder o passado. Bobby sabia que, às vezes, o passado não passava de ilusão e o melhor a fazer era continuar inventando.

Nessa canção, Bobby é tão *swinger* quanto em "Mack the Knife", mas aqui cai melhor. Não parece que está tentando caber nas roupas de um homem mais velho. Não começa a toda a velocidade como em "Mack". Aqui, a banda o encoraja e a expectativa do primeiro refrão dá lugar a um frenesi de estalos de dedos e grunhidos que são imitados em milhares de karaokês a cada noite. E o baterista chuta a bunda dele a cada reviravolta.

O fraseado, sobretudo numa balada pop como essa, é a força motriz da produção. Repetidas vezes, ele faz as primeiras palavras deslizarem do verso de cima para o fim do verso anterior. Faz isso de um jeito muito sutil e não dá pra perceber o que ele está fazendo. Mas se ele cantasse canções como essa direto, provavelmente não chegariam até você. Ele é brincalhão, um melodista brincalhão e que não precisa de palavras. Canta com simplicidade até quando está falando sobre o nada: o mar, o ar, as montanhas, as flores. Tudo flutua — e nunca toca o chão.

CAPÍTULO 20

ON THE ROAD AGAIN
WILLIE NELSON

Originalmente gravada no álbum *Honeysuckle Rose*
(Columbia, 1980)
Composição de Willie Nelson

UMA CANÇÃO DE BANDIDO ERRANTE. Um larápio. O prazer das andanças, de não parar em lugar algum. Afinal, ninguém te paga pra ficar. Pagam pra você mudar de lugar. Trata-se de uma atualização da icônica obra-prima da geração beat *On the Road*, de Jack Kerouac. *"On the road"*, nessa canção, significa viajar num ônibus de última geração: TV de tela plana, bar abastecido, cama queen nos fundos, beliches extras que são um mundo à parte, cozinha bem equipada, cabines de couro, chuveiro e, às vezes, até sauna a vapor. O melhor que a estrada tem a oferecer. Você nunca vai a lugar algum, fica dentro do ônibus, sai para se apresentar durante algumas horas e segue em frente. É assim que algumas bandas pegam a estrada. É como aquela canção de Van Morrison, "Hard Nose the Highway", mas Van vai de avião, e talvez nem saiba, embora tenha sido informado a respeito.

Essa canção se parece com o movimento da estrada. O jeito como soa num ônibus, que não é um sedã nem uma ambulância. Quando está na estrada, você vive a vida que ama. Faz música com os amigos, ganha o pão. É uma canção feliz. Não há um só verso depressivo. Pode ser cantada em qualquer lugar — numa feira estadual ou na Radio City Music Hall. Comunhão é seu termo. Uma espécie de dança folk sagrada.

A FILOSOFIA *da* MÚSICA MODERNA

Por outro lado, também dá pra compor uma canção horripilante sobre esse mesmo assunto, repleta de solavancos da estrada e de desconfortos e injúrias que se acumulam no viajante cansado.

Poderia apresentar versos sobre aquecimento quebrado do ônibus, barulho de sirenes nas janelas dos quartos de hotel, uma revista policial exagerada na fronteira do Texas, uma gonorreia resistente a antibióticos que se espalhou por toda a equipe depois de um show no Novo México. Burritos duvidosos de micro-ondas, roupa suja acumulada, excesso de informação sobre o divórcio do motorista. *On the road again*, pé na estrada mais uma vez.

E então há outra canção a ser composta sobre o verdadeiro motivo pelo qual você mal pode esperar pra cair na estrada mais uma vez. Ninguém está bravo porque você não tirou o lixo, conhecidos não aparecem sem avisar, vizinhos não vão te olhar de cara feia toda vez que der na telha.

O bom de estar na estrada é que você não pode ser soterrado por nada. Nem as notícias ruins chegam. Você diverte outras pessoas e guarda sua dor para si.

CAPÍTULO 21

IF YOU DON'T KNOW ME BY NOW HAROLD MELVIN & THE BLUE NOTES

Originalmente lançada no álbum *I Miss You*
(Philadelphia International, 1972)
Composição de Kenny Gamble e Leon Huff

NESSA CANÇÃO, O PROTAGONISTA mostrou o seu valor; ele se tem na mais alta conta, com classe e distinção. Proporcionou maravilhas a sua companheira, além de ter dado uma vida a ela, fez com que enriquecesse, alimentou e deu roupas, contribuiu para a felicidade dela, porém, depois de tudo, ela ainda não confia nele, acha que ele está numa *ego trip*. Ela tem pavio curto e é exasperada, por tudo ela explode, não há consenso entre eles.

Essa canção é cheia de bravatas, excesso de presunção e muita fanfarrice. É belamente arranjada e executada com perfeição. É uma canção de orgulho próprio e de autoadmiração.

Você chega tarde em casa, cheio de amor pra dar, na sua melhor forma. Brinca, mas o rala e rola não dá em nada. Ambos estão indiferentes. Você tenta de tudo, põe as cartas na mesa voltadas para cima. É atencioso e franco sobre absolutamente tudo e se expõe completamente. Por que será que ela está tão zangada?

Você se deita na cama, é noite, sente o tamanho do corpo dela — ela está coberta de esmeraldas.

A luz se acende e ela quer detalhes precisos de onde você esteve, quer que preste contas de tudo e te lança más vibrações. Você tenta ser legal, mas ela é desconfiada e cética. Você está aqui de corpo e alma; por que cargas-d'água ela não consegue entender isso? Você deu a ela tudo o que podia, mas ela ainda não consegue sintonizar a sua frequência. Se até agora ela não te conhece, é uma idiota.

Tá, conhecer uma pessoa pode ser uma tarefa hercúlea, surgem muitos empecilhos. Ainda assim, você deve se perguntar se até agora ela ainda não sabe de suas realizações e conquistas então isso nunca vai acontecer. Você tem algumas atitudes confusas sempre com as mesmas coisas, o que acarreta mais discussões. Mais argumentos para confundir, ela ataca do nada e vira sua inimiga. Tem um temperamento explosivo e acha falhas em tudo. É difícil expressar o quanto isso te faz mal, você a diverte, inspira, agrada, mas ela acha que você está imerso em si mesmo, que é um narcisista.

Vocês dois sabem a diferença entre o certo e o quase certo, ninguém aqui nasceu ontem. Vocês não são bebês perdidos na floresta, uns fedelhos imaturos. Nenhum dos dois quer que esse amor acabe. Vamos nessa, vamos seguir juntos, não vamos menosprezar o que temos, vamos agir com equilíbrio, não vamos agir feito crianças. Do que estamos reclamando? Uma coisa sobre a qual você tem certeza é que você gosta deste lugar, é aqui que você quer estar, é o seu ninho. Aqui, suas necessidades são atendidas, é seu abrigo e seu chão. Mas se ela acha que você não seria capaz de deixar tudo pra trás, ela está equivocada, e essa é apenas mais uma evidência de que ela não te conhece.

Há muito realismo nessa canção, um excesso de autoveneração.

É uma canção sobre mal-entendidos e atritos de um casal, um relacionamento desigual, duas pessoas que se irritam o tempo todo. Desperdiçam tempo e energia com coisas que deveriam ignorar. É aquele tipo de canção passiva e cheia de sofrimento.

UM DOS MOTIVOS QUE LEVAM AS PESSOAS

a se afastar de Deus é que elas não conseguem encaixar a religião em sua vida. Isso porque a religião é apresentada como algo que deve ser vivido como uma tarefa — hoje é domingo, temos de ir à igreja. Ou então é usada como forma de ameaça por políticos malucos nos dois lados de qualquer discussão. No entanto, a religião costumava estar na água que bebíamos, no ar que respirávamos. Cânticos de louvor eram tão arrepiantes quanto as canções mundanas — na verdade, eram a base dessas últimas. Os milagres iluminavam a conduta, não eram meros espetáculos.

Mas nem sempre essa interação foi perfeita. Supostamente, os primeiros leitores da Bíblia ficaram perturbados com a crueldade da conduta de Deus contra Jó, mas o prólogo da aposta de Deus com Satanás sobre a piedade de Jó em face da provação, adicionado depois, faz desse um dos mais interessantes e inspiradores livros do Antigo ou do Novo Testamento.

Contexto é tudo. Ajudar as pessoas a compreender o lugar de cada coisa na vida é muito mais eficaz do que enfiar as coisas goela abaixo. Essa é outra maneira de olhar para uma canção de amor.

CAPÍTULO 22

THE LITTLE WHITE CLOUD THAT CRIED JOHNNIE RAY

Originalmente lançada como *single*

(Okeh, 1951)

Composição de Johnnie Ray

A NUVENZINHA BRANCA CHORA e esperneia como um bebê. Você já ouviu seu lamento triste ao descer o rio, mas também sentia um peso no coração, então o ouviu só pela metade. Você também se sentia sozinho e desanimado.

A nuvem diz pra você não se preocupar, todas as coisas passam, eventualmente tudo vai transcorrer e ficar distante do que ficou pra trás. A nuvenzinha sente-se horrível — está isolada e deserta, separada das outras nuvens, ninguém se interessa por ela, que sente os efeitos da discriminação. Para completar, está assustada com o estrondo que vem de baixo, o berro retumbante que ruge e grunhe. A chama de fósforo ofuscou sua visão, o brilho lá debaixo está queimando sua alma. A pequena nuvem quer se esconder, se dissipar e se abrigar em outro lugar, sumir de vista. Essa nuvem branca está tão triste, mas você não quer ser tragado pelo sofrimento dela, se você se compadecer muito dela pode perder o chão. Essa nuvem pode te entorpecer.

De repente, sem aviso, a nuvem diz pra você ficar em silêncio e olhar pra cima, é o sol que você precisa reconhecer. Ele é imutável, contínuo e duradouro. O sol diz pra você observar o clima e todas as suas variações. Tente se harmonizar com o clima, se adaptar a ele e, no fim, o triunfo é seu, você vai vencer, sair na frente.

Então ele diz que tem um recado para o mundo, que todos devemos nos render ao amor. Pede a você que espalhe essa mensagem nos cantos mais remotos da terra, mas você não tem certeza se está à altura da tarefa. Não quer dizer que não vai fazer, tampouco quer dizer que vai fazer. Não quer fazer promessas ou criar expectativas. Também sabe que, a qualquer momento, essa nuvem pode virar uma névoa negra furiosa e cobrir o mundo inteiro, ofuscar o planeta, eclipsar o sol e passar a agir feito tirana. Você vai ter de pensar sobre isso.

O recado dessa nuvenzinha branca para o mundo, de que todos devem se render por amor — e ainda dando um puxão de orelha nas massas —, pode sair pela culatra. Sem dúvida, essa mensagem da nuvenzinha branca para o mundo não pode ser complicada, deve ser clara e simples.

THE LITTLE WHITE CLOUD THAT CRIED

MUITA GENTE ACHOU, ao ouvir Johnnie Ray cantar, que se tratava de uma garota. Johnnie cantava com sua voz natural, que podia ser tudo, menos falsete. Muita gente acha que cantores que cantam em falsete, na verdade, são mulheres. Alguns cantores da Motown têm essa característica. No caso de Johnnie, porém, ele soava como uma garota.

Emocionalmente, ninguém era páreo pra ele. Passava por inúmeras intempéries ao fazer shows, açoitava a tampa do piano, quebrava pedestais de microfone, dilacerava o próprio coração... na visão de qualquer pessoa, um artista dinâmico. Pré-Elvis. Ao contrário de Tony Bennett, Frank ou Dino, Johnnie tinha o coração na manga.

A nuvenzinha branca não apenas chora, mas também fala e quer que eu diga ao mundo inteiro o quanto ele se esforça.

Essa canção é capciosa. Começa bem simples, feito cantiga de ninar que qualquer pessoa se acha capaz de cantar, mas quando ele sobe a voz lá pela metade consegue atingir aquela atmosfera rarefeita que talvez só ele e Roy Orbinson habitem. Mas a voz de Johnnie não tem nada de country. É a voz de um anjo ferido e lançado nas ruas sujas da cidade para vagar cantando e guinchando, chorando e bajulando, açoitando pedestais de microfone e banquetas de piano.

Johnnie Ray usava aparelho auditivo, o que o deixava inseguro, nervoso. Ele não compreendia o que era dito e não tinha certeza se estava sendo claro. Talvez esse seja o motivo da grande quantidade de notas altas em suas canções — não há confusão nas emoções, nem nas letras nem na pronúncia. Ele não só carregava suas emoções na manga, carregava-as em uma bandeira que tremulava na cara do público.

Por incrível que pareça, essa canção era o lado B do grande hit de Johnnie, "Cry". Alguém poderia pensar que já havia lágrimas suficientes num lado do disco, mas não. O disco saiu pela Okeh, conhecida por ser uma gravadora de R&B. Mas Johnnie transcendeu a cor — seus sentimentos escoavam diretamente do cérebro para um mero disco pop.

É longa a lista de cantores que já caíram no choro durante uma apresentação. Segue uma relação de canções nas quais isso acontece. Algumas são anteriores a

Johnnie, outras, posteriores. Os discos de Johnnie não precisavam de lágrimas de crocodilo nem de falsas emoções. Bastava que Johnnie ficasse à vontade. E todos nós caíamos no choro.

★ OS CHORÕES ★

"*Don't Leave Me*" — Tommy Brown

"*Baby, Don't Turn Your Back on Me*" — Lloyd Price and His Orchestra

"*The Bells*" — Billy Ward and His Dominoes (feat. Clyde McPhatter)

"*Blue Eyes*" — Fisher Hendley and His "Aristocratic Pigs" (voz: Baby Ray)

"*The Chicken Astronaut*" — The Five Du-Tones

"*Cryin' Emma*" — Rolling Crew

"*Cryin' for My Baby*" — Pete McKinley

"*Crying Like a Fool*" — Jerry McCain

"*Darling*" — The Lyrics

"*Death of an Angel*" — Donald Woods and the Vel-Aires

"*Frank, This Is It*" — Cliff Jackson e Jellean Delk with the Naturals

"*Get High*" — La Melle Prince

"*Go Ahead*" — Billy Miranda

"*I Wanna Know*" — Nolan Strong and the Diablos

"*It's Too Late*" — Tarheel Slim and Little Ann

"*Laughing But Crying*" — Roy Brown

"*Martha Mae*" — Jack Davis and His Blues Blasters feat. Joe Frazier

"*Much Too Late*" — Tarheel Slim and Little Ann

"*No One to Love Me*" — Sha-Weez

"*One More Kiss*" — Paul Gayten

"*The Quarrel*" — The Newlyweds

"*Shedding Tears for You*" — Vernon Green and the Medallions

"*Valerie*" — Jackie and the Starlites

"*Valerie*" — The Jiving Juniors

"*Weepin' and Cryin'*" — The Griffin Brothers Orchestra

"*Weeping Blues*" — Rosco Gordon

Essa é uma canção de genocídio, na qual você é arrastado pra uma guerra nuclear, marco zero, Novo México, onde a primeira bomba atômica foi testada.

CAPÍTULO 23

EL PASO
MARTY ROBBINS

Originalmente lançada no álbum *Gunfighter Ballads and Trail Songs*
(Columbia, 1959)
Composição de Marty Robbins

ESSA É UMA BALADA DA ALMA TORTURADA,

do caubói herege, do príncipe dos protestantes que, num piscar de olhos, se apaixona pela dançarina de pele macia. A canção praticamente não diz nada que você entenda, mas, se prestar atenção aos sinais, símbolos e formas, dificilmente dirá algo que você não entenda.

Tiroteio, sangue e morte repentina, parece uma típica balada western, mas está bem longe disso. Trata-se de Moloch, a pirâmide do olho de gato, o ventre da beleza, de onde se tira uma pedra da base e todo o resto cai. O caubói escolhido, sacrifício sangrento da massa, judeus do Holocausto, Cristo no templo, o sangue dos astecas no altar. Essa canção deixa você na lona e, antes que consiga se levantar, vem outro golpe. Fala do valor da vida, e do que se faz dela. Essa é a humanidade criada à imagem de uma divindade ciumenta. É paternidade, o deus demoníaco e o bezerro de ouro — o homem devoto, um ser humano ciumento. Esse modo de viver é bastante questionável, os altos e baixos, seu significado. É uma verdade que não precisa de provas, em que toda necessidade é maligna. Essa é uma canção de amor ultrajante.

A FILOSOFIA *da* MÚSICA MODERNA

El Paso — o portal, a saída de emergência, a escada secreta —, crime ritual e linguagem simbólica — imagens circulares, nomes e números, transmigração, deportação, e tudo numa enigmática primeira pessoa, o eu primitivo. O cheiro de perfume, de álcool, uma baforada de fumaça, o duelo, a vida sem valor, dor no coração, controle da situação, amor em vão, o Ceifador, um amor mais poderoso que a morte, entre outras coisas. O cavaleiro negro e o cavaleiro branco, o amuleto da sorte e o mau-olhado. Cinco caubóis a cavalo, mais doze na colina, e mais — a rainha da rua do pecado, prostituta doente, uma aparição sólida e real. Aquela que cura pessoas transtornadas e mentalmente doentes, uma força invisível, uma mulher pela qual você está disposto a apostar sua vida.

A Cantina da Rosa é a mesma cantina de sempre. A Rosa simbólica, o vestido preto e o anel do bispo, o pão, o vinho e o sangue. O sangue dos mártires cristãos, sangue que tinge de vermelho a rosa branca, atormentada e açoitada. Uma canção católica, universal, na qual nenhum insulto sairá impune. Onde não há rastros, onde Roma falou.

Você, um jovem bonito e estranho, forasteiro, democrata *dixie*, talvez vinte anos mais moço, percorre com as mãos o corpo de Felina, morta no chão, assassinada pelo caubói gatilho-rápido de intenção feroz. Você o matou no instante certeiro, com uma piscadela e um aceno de cabeça. Esse homem era uma mistura de tudo, um colecionador de coisas inúteis. Não matá-lo seria a violação de um costume antigo, praticamente um sacrilégio. Não pense que ele tinha um pingo de bondade, diria Felina com um suspiro profundo. Você esconde seu rosto atrás dos cotovelos — impossível sentir alegria. Dispara pela porta dos fundos e rouba um cavalo bom — foge às pressas, para o norte, em direção às Badlands, rumo ao caos e ao clímax da canção, o mais rápido que pode — mas não tão rápido assim.

De certo modo, essa é uma canção sobre genocídio, na qual você é arrastado pra uma guerra nuclear, marco zero, Novo México, onde a primeira bomba atômica foi testada.

Terra da bruxaria, da montanha Crazy Cat e do portal da morte de El Paso. Tierra del Encanto, próxima ao campo de mísseis de areia branca, a estrada do

diabo, rumo a Jornada del Muerto. É uma canção labiríntica, o fim da linha para Roy Rogers, rei dos caubóis. O fim do feijão, do bacon e da carne, de sacos de dormir e da amarração de vacas — códigos do oeste e do caminho texano. O fim do xeique, do gaúcho, do matador — onde o touro mau representa sua morte, a figura solitária e o malandro —, o bode expiatório do caubói e essa é a história dele.

Por fim, você está livre para sempre e longe de tudo. A fumaça se dissipou e você está muito melhor do que imaginou que estaria, mas falta algo. A Felina dos olhos negros ainda está em seu pensamento e ela o chama num sussurro, "Venha aqui agora". Então você põe a sela e vai embora — é o seu dever. De volta às areias movediças, àquele romance turbulento e atropelado que deixou pra trás, até que avista a Cantina da Rosa de cima do penhasco, e aí, do nada, cinco caubóis a cavalo começam a atirar em você. São seres míticos. Justiceiros com distintivos perseguindo você. Não por ter matado alguém, por ter tirado uma vida, não pela acusação habitual de assassinato, mas por roubo de cavalo, o crime capital do velho oeste. Eles descem o chumbo e o derrubam do cavalo. É nessa hora que Felina aparece, posta-se ao seu lado e beija sua bochecha enquanto você morre lentamente — ela o embala com amor em seus braços, o acaricia e beija seus lábios; você retribui com um beijo que diz "te perdoo".

É uma canção de pós-ressurreição e paira sobre a sua cabeça.

EL PASO

★ ★

MARTY ROBBINS ENTROU EM CENA na década de

1950 com "A White Sport Coat and a Pink Carnation". Um hit indiscutível, contagiante e melódico que agradou a todas as pessoas. Ele havia tentado entrar na cena rockabilly antes disso, gravando algumas canções boas, como "Maybeline", "That's All Right, Mama" e "Singing the Blues". Mas isso foi só o começo para Marty. "White Sport Coat" é uma canção mística. As cores branco e rosa têm um significado simbólico.

Marty Robins tinha um ás na manga. Seu avô, Robert "Texas" Heckle, conhecido como Texas Bob, foi um soldado confederado durante a Guerra Civil e serviu no Primeiro Regimento de Infantaria do Texas. Depois da guerra, Texas Bob serviu, sob o comando dos generais Custer e Crook, nos territórios indígenas de Montana e Wyoming.

Ele foi um ilustre poeta de fronteira, um grosseirão que escreveu sobre a grande expansão como alguém que a testemunhou e cujos livros contavam histórias de homens e mulheres que expandiram as fronteiras dos Estados Unidos. Como é flagrante na capa de um de seus livros, *Rhymes of the Frontier*, Texas Bob era o arquétipo do caubói dos *medicine shows** — alto e esguio sobre a sela, cabelos prateados na altura dos ombros, com um chapéu de soldado confederado, a pele ressecada pelo vento e pelo sol, da cor e da textura da calça de camurça que usava. Ele era bonito e carismático na época que contava histórias para o neto Marty — histórias que ouviu ao redor da fogueira e outras que as pessoas só conheciam pela TV. Histórias que Marty ouvia com desconfiança.

Marty era cético em relação às histórias mirabolantes do avô — para ele, Texas Bob era melhor contador de histórias do que cronista da vida real. Mas nem por isso amou menos o avô ou deixou de escutá-lo. E as histórias que Texas Bob contava sobre porradas e chumbo grosso nas cidades fronteiriças do Texas prendiam

* Comuns nos Estados Unidos no século XIX, eram atrações itinerantes, como um circo, em que, junto a shows de variedades e apresentações musicais, vendiam-se remédios e poções miraculosas ao público.

a atenção do menino assim como as aventuras de Roy Rogers na telona prendiam a de seus colegas de classe. Cerveja e sangue escorriam das paredes de adobe nas cantinas das histórias que Texas Bob contava, e Marty aprendeu cedo que a verdade tinha pouca relação com uma boa história contada. Ou com uma boa canção. "Meu avô escrevia histórias, mas não sabia escrever melodias, então comecei a escrever melodias para as histórias que ele me contava."

Por fim, quando o tempo firmou e surgiu a oportunidade, Marty apareceu com essa canção chamada "El Paso", que ressoa em todos os níveis com pessoas de todo tipo. As pessoas falam de canções que apresentam mensagens, começando com Woody Guthrie até chegar aos anos 1960. Mas "El Paso" é a canção de mensagem definitiva e a tentativa de analisá-la apenas arranha sua superfície. É tão complexa e, ao mesmo tempo, tem uma construção muito simples — é um conto sombrio sobre beleza e morte indescritíveis.

"El Paso" tem cinco estrofes, cada uma com um dístico e uma ponte; em seguida, retorna para a estrofe seguinte. O que faz dessa uma canção notável são as frases de abertura entre o final da ponte e o verso seguinte, prelúdios curtos que embalam o ouvinte na história que está sendo contada. Essas frases são tão importantes quanto todas as outras palavras da canção. Você pode encará-la como o lamento adorável de um caubói moribundo que vaga por lugares exóticos e morre por uma dançarina que acabou de conhecer, ou não.

*Que soe o alarme pelo sal
da terra e cantem os cânticos
de louvor e glória que se
deterioram como a carne.*

CAPÍTULO 24

NELLY WAS A LADY
ALVIN YOUNGBLOOD HART

Originalmente lançada na coletânea
Beautiful Dreamer: The Songs of Stephen Foster
(American Roots Publishing/Emergent Music Marketing, 2004)
Composição de Stephen Foster

NESSA CANÇÃO, A PAIXÃO ACABOU e sua vida é dissipada. Sua felicidade se resume a nada — não há sequer vestígio dela, extinguiu-se.

Você está transportando troncos pelo grandioso rio, o rio grande, rio das lágrimas, destino manifesto — você iça as toras de choupos-americanos, os álamos de casca prateada que dão origem a mesas e móveis reluzentes, mas você chegou a um estágio da vida no qual o trabalho perdeu o sentido, e tem sido assim desde que a dor bateu à sua porta. Chegou quando o galo cantou — o pesar e a melancolia vieram com a aurora, esmurrando a claridade do céu.

Agora você vive absorto e distraído, mas não vai se deixar levar pelas emoções, pois, caso o fizesse, submergiria. Você nunca vai afundar ou fracassar, nunca vai perder o equilíbrio, nem mesmo agora que seu mundo ruiu. Agora e para sempre, você vai ficar indiferente diante de todas as coisas da vida — apesar desse golpe tremendo.

Vamos tocar o sino pela altivez e pela virtude e deixar que soem as sirenes pelo que é bom e inestimável. Que soe o alarme pelo sal da terra e cantem os cânticos de louvor e glória que se deterioram como a carne. Aquele rosto sorridente

e radiante que se apagou de vez, sua cara-metade, seu par perfeito. Dentro da cabeça, você vagueia pelos prados, pelos pastos verdejantes: galhos pendurados entre os trevos, buquês floridos de um dia de verão, e a seu lado está tudo o que ama, tudo o que é belo e justo — tudo que é verdadeiro, leal e natural.

Você vaga pelos campos e ouve cânticos fúnebres. O rosto dela não sai da sua cabeça, seu tesouro mais precioso, a razão da sua existência, arrastada naquele dia numa carroça soturna. Você perdeu a alegria de viver, mas ainda assim restou a rotina diária. Você não consegue mais se esforçar para nada, exceto para o essencial. Todas as cores da sua vida agora são foscas; parece que seus ossos habitam o corpo de um fantasma.

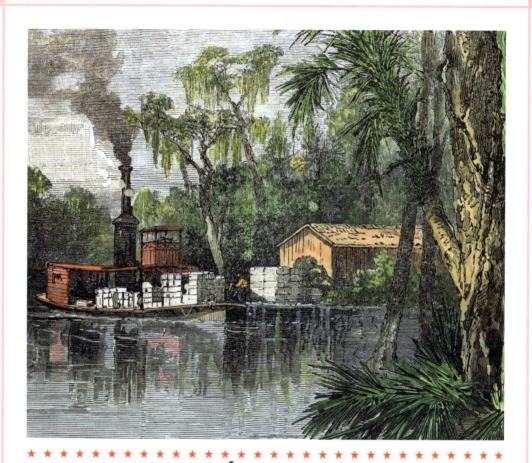

⭐⭐⭐⭐⭐⭐⭐⭐⭐⭐⭐⭐⭐⭐⭐⭐⭐⭐⭐⭐⭐⭐⭐⭐⭐⭐

STEPHEN FOSTER É O PAR PERFEITO de Edgar Allan

Poe. Trata-se de uma canção fascinante, composta para que todos aqueles que viveram uma vida se deitem e caiam no choro. Muitas canções tristes já foram escritas, mas nenhuma é mais triste do que essa. Letra e melodia. A versão de Alvin Youngblood Hart é a melhor de todas. Alvin interpreta a canção em sua forma pura.

A cadência do violão segue com tranquilidade em meio aos versos inconsoláveis e uma derrota compartilhada na varanda da frente. A melodia vai ficar na sua cabeça mesmo quando já tiver esquecido a história e, toda vez que cantar essa canção, uma lágrima vai rolar pelo seu rosto.

CAPÍTULO 25

CHEAPER TO KEEP HER
JOHNNIE TAYLOR

Originalmente lançada no álbum *Taylored in Silk*

(Stax, 1973)

Composição de Mack Rice

OS DISCOS DE SOUL, ASSIM COMO os de hilbilly, blues, calipso, cajun, polca, salsa e outros tipos de música dos povos nativos já vêm com a sabedoria que a elite alcança somente nas universidades. A chamada escola das ruas é um fato e não consiste apenas em aprender a se esquivar de vigaristas e charlatões. Enquanto os estudantes da Ivy League falam do amor a partir de quartetos, detalhando qualidades abstratas e características delicadas, pessoas de Trinidad a Atlanta, Geórgia, cantam sobre as maravilhas de se casar com uma mulher feia e as coisas duras da vida.

Ou, nesse caso, Johnnie Taylor faz você economizar bastante com consultoria jurídica ao dizer que vale mais a pena não se separar.

É claro que é mais barato permanecer casado. Como não seria? O divórcio é uma indústria que fatura 10 bilhões de dólares por ano. E isso sem alugar um salão, contratar uma banda e jogar buquês. Mesmo sem o bolo, é muita grana.

Se tiver a sorte necessária para entrar nessa maracutaia, pode fazer fortuna manipulando as leis e ajudando a destruir relacionamentos entre pessoas que a certa altura juraram amor eterno umas às outras. Ninguém sabe como abrir mão dessa galinha dos ovos de ouro, e ninguém quer, de fato. Sobretudo aqueles que não arriscam nada, mas seguem enchendo o bolso.

A FILOSOFIA *da* MÚSICA MODERNA

Hoje em dia, casamento e divórcio acabam nos tribunais e na língua dos fofoqueiros; a própria natureza da instituição se distorceu, é um jogo de "te peguei" entre cães raivosos e gatos traiçoeiros.

Quantos advogados de direito da família se beneficiam dessa intriga entre duas pessoas supostamente civilizadas? A resposta honesta é: todos. Isso seria apenas uma competição difícil, mas sem consequências econômicas se o assunto ficasse apenas entre as duas partes. Afinal de contas, o casamento é um contrato bem simples — até que a morte os separe. É por isso que membros da comunidade tementes a Deus, em geral, lançam olhares enviesados aos divorciados. Se estão dispostos a romper com aquele contrato simples, quem garante que não vão negar tudo e qualquer coisa? É por isso que, historicamente, se você fosse uma pessoa divorciada, ninguém confiava em você.

O casamento é o único contrato que pode ser dissolvido porque o interesse acaba ou porque uma das partes, propositalmente, se comporta mal. Se você é um engenheiro do Google, por exemplo, não pode simplesmente mudar de empresa e começar a trabalhar lá só porque é mais interessante pra você. Há promessas e responsabilidades a cumprir e a nova empresa teria de arrematar seu contrato anterior. Mas é raro as pessoas usarem a lógica quando desfazem um lar.

Porém, casados ou não, os pais têm o dever de sustentar os filhos. Isso é muito mais importante do que dividir casas de veraneio. Enfim, o casamento é pelo bem dessas crianças. Um casal que não tem filhos não é uma família. São simplesmente dois amigos; amizade colorida e seguro de vida, mas, ainda assim, amigos.

Mas advogados de direito da família não dão a mínima para laços familiares; atuam, por definição, no ramo da destruição, destroem famílias. Quantos deles são, no mínimo, virtualmente responsáveis pelo suicídio de adolescentes e pelo surgimento de assassinos em série? Como generais que não precisam encarar os rapazes que mandam para a guerra, fingem inocência, mas estão com as mãos sujas de sangue.

Eles se dizem unidos pela Bíblia, separados pela lei — mas seu advogado intercederá por você perante Deus? A lei de Deus sempre anula a lei dos humanos,

mas expulsar agiotas do templo é uma coisa — tirá-los de sua vida é outra. Se as pessoas pudessem se livrar dos custos legais, talvez tivessem uma chance melhor de se manterem respirando acima da linha-d'água.

Sem falar dos acordos pré-nupciais. É como jogar blackjack num cassino desonesto. Duas pessoas no auge da paixão apostam que esses sentimentos não vão durar. Pagam advogados para garantir que aquele com mais bens tenha esse dinheiro assegurado quando começarem as brigas, mas esses mesmos advogados vão dizer que é só por precaução e que, em muitos casos, esses acordos nem precisavam ter sido feitos. Ainda assim, preste mais atenção e você vai perceber que esses advogados inventaram uma maneira de receber adiantado, inclusive se não houver divórcio.

Então, há alguma solução? Talvez.

Casamento misto, casamento gay — defensores fizeram lobby para legalizar todos eles, mas ninguém lutou pelo que é realmente importante: o casamento poligâmico.

Não é da conta de ninguém a quantidade de esposas que um homem tem. Os muçulmanos podem ter quatro esposas. Os sul-africanos, até dez. Brigham Young teve cinquenta filhos de sabe-se lá quantas esposas. Ninguém sabe quantos filhos o sheik da Arábia gerou. Screamin' Jay Hawkins deixou pra trás algo em torno de 75 filhos com quase o mesmo número de mulheres. No sentido bíblico, um homem pode ter quantas esposas puder bancar. Se é pobre, não terá muitas esposas, se é que terá alguma. Mas se é o rei Salomão, pode ter trezentas esposas. Tudo depende de quem você é e dos seus contatos. O divórcio é a questão central, caso alguém queira saber.

Um homem paga pensão alimentícia para a mulher e depois tem mais uma pra sustentar. Arruma outra esposa na sequência e passa a pagar duas pensões e a sustentar uma terceira. E assim ele tem um bando de esposas para sustentar.

Claro, é assim com ou sem advogados, é o senso comum. Mas não para por aí: os advogados criam mais confusão e despesa. Mas a cobra já fumou por toda parte — cruzadistas dos direitos da mulher e lobistas da liberdade das mulheres se revezam para deixar o homem acuado até que ele acabe numa sinuca de bico, se esquivando dos estilhaços do teto de vidro que foi quebrado.

Quase dá pra ouvir daqui o ranger de dentes e os grunhidos de cruzadistas e lobistas. Mas, antes que as feministas me persigam pelo vilarejo carregando tochas, considere esses dois argumentos.

Primeiro, que a mulher oprimida e sem futuro, espancada pelos caprichos de uma sociedade cruel, não estaria numa situação melhor sendo uma das esposas de um homem rico — bem-assistida em vez de vagar pela rua sem ninguém, dependendo da ajuda do governo?

Segundo, por acaso eu propus que a poligamia tinha de ser no masculino singular e no feminino plural? Sirvam-se, senhoras. Há outros telhados de vidro pra vocês quebrarem.

Evidente que sai mais barato não se separar.

BEST
TRUE FACT
DETECTIVE

MARCH • 25¢ • ANC

Her eyes said
'Love me!'
Her heart said
'Die!'
Read
FLIRT, TEASE
AND KILL!

A SKYE PUBLICATION

CAPÍTULO 26

I GOT A WOMAN RAY CHARLES

Originalmente lançada como *single*
(Atlantic, 1954)
Composição de Ray Charles e Renald Richard

A MEIO QUARTEIRÃO DO CRUZAMENTO, o semáforo já estava amarelo. Mas não fazia diferença, o tráfego estava naquele anda-para sem a interferência dos sinais de trânsito. Nesse ritmo, ia levar umas três horas. É provável que tivesse dado tempo de jantar depois do trabalho e de ter chegado na mesma hora. Mas ela estava esperando por ele.

O sol do fim de tarde era mais quente do que uma cabeça de fósforo, e a viagem foi tão longa que deu tempo de secar a camisa encharcada de suor grudada no banco do carro. Ele conferiu o bolso pra ver se tinha um chiclete pra jogar na boca quando virasse na rua da casa dela. Mas ainda faltava chão. Ele aumentou o volume do rádio e batucou no volante ao compasso do sax tenor de Fathead Newman.

A cabeça dele doía pelo excesso de café. Pensou na nova garota do trabalho, a de maçãs do rosto salientes e Band-Aid no calcanhar, onde o sapato machucara. Ela sorriu ao segurar o elevador pra ele. Provavelmente, morava perto. Por que ele não podia gostar dela?

No começo, dirigia com imprudência, o desejo o conduzia pelas paradas antes de se acomodar ao torpor do hábito e a direção virar uma chatice, não uma missão.

Ela estava à espera dele, meio com sono e mal-humorada no sofá. Não que ele fosse ser uma ótima companhia depois de atravessar a cidade. Claro, no começo tudo eram flores. Amor 24 horas por dia, sem resmungo ou rebuliço. Mas passa rápido. E aí tudo o que sobra é a longa viagem.

O desejo morre, mas o trânsito continua para sempre.

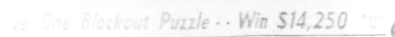

CAPÍTULO 27

CIA MAN
THE FUGS

Originalmente gravada no álbum *Virgin Fugs*
(ESP-Disk, 1967)
Composição de Tuli Kupferberg

SAM PHILLIPS AMARIA ESSA CANÇÃO. Ele não poderia tê-la lançado, mas adoraria tê-la gravado — talvez com Jerry Lee, que tampouco saberia o que fazer com ela, porém ficaria feliz em tê-la gravado e comemorado como se não houvesse amanhã. Certamente, teria sido um hit underground. As letras não são nada genéricas ("*Who can kill a general in his bed... Overthrow dictators if they're red... Fuckin'-A man... CIA man*"). Se essa letra não chama sua atenção, então você deve estar em coma. É incrível como The Fugs conseguiam ser tão vigorosos somente com alguns instrumentos ousados.

Essa canção transforma um agente da CIA num personagem de história em quadrinhos. Você já deve ter se perguntado por que a DC Comics ou a Marvel não inventaram um agente da CIA. Stan Lee teria se divertido desenhando esse cara. Esse álbum é o avesso paranoico de "Secret Agent Man", de Johnny Rivers. Mas é muito mais forte e certeiro.

Comprar álbuns do The Fugs era como comprar alguns álbuns do Sun Ra: não dava pra ter ideia do que viria. Um álbum soa bem executado — bom, o mais bem executado que podia soar —, mas bem executado para um disco gravado em estúdio com uma banda que parava e recomeçava ao mesmo tempo. Então, você

escolhia outro lançamento e ele parecia ter sido gravado num telefone de lata de tomate pendurado na ponta de um cabo de vassoura. A impressão é de que os The Fugs podiam gravar em qualquer lugar. Às vezes, os textos do encarte vinham escritos em esperanto. Eles desafiavam o ouvinte a descobrir o que aquilo queria dizer.

Uma das maneiras de a criatividade funcionar é quando o cérebro tenta preencher buracos e lacunas. Preenchemos partes que faltam em imagens, trechos de diálogo, fechamos rimas e inventamos histórias para explicar coisas que desconhecemos. Quando não se sabe quem é Johnny Pissoff ou Slum Goddess, quando não se faz ideia das duchas vaginais de coca-cola,* a imaginação decola.

Os Fugs gravaram essa canção duas vezes — ao vivo e bem executada, e de modo esquisito e primitivo. As duas versões são boas e precisas.

* Referência às canções "Johnny Pissoff Meets Red Angel", "Slum Goddess" e "Coca Cola Douche".

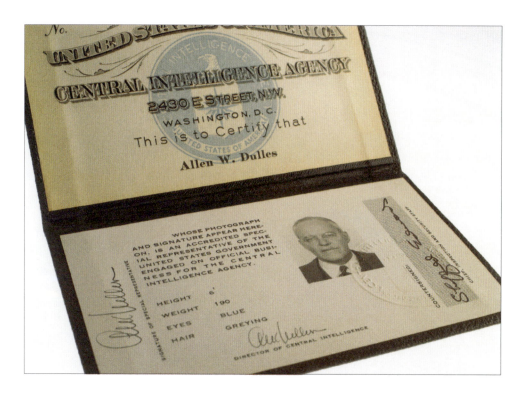

A banda recebeu esse nome por causa de um romance de Norman Mailer, intitulado *The Naked and the Dead*. Quando o livro foi lançado, em 1948, as normas da censura da época forçaram Mailer a substituir a palavra "fuck" por "fug". The Fugs poderiam ter se chamado The Fucks, mas preferiram seguir o caminho mais seguro, para que os discos fossem vendidos numa loja de discos, não num beco qualquer.

A despeito de Norman Mailer ou The Fugs, a palavra *"fug"* nunca colou como substituta de *"fuck"*. Ninguém diz *"fug you"*, *"what the fug"* ou *"fuggin' good"*. Ainda usamos a terminologia adequada.

Fica a sensação de que os Fugs nunca souberam aproveitar todo o seu verdadeiro talento ou força, em tempo algum. Você sempre ficava com a impressão de que eles escondiam algo e que podiam explodir a qualquer momento.

Quanto tempo até que você se dê conta de que seu tempo livre é uma indulgência, porém, mais uma vez, o que tem a perder?

CAPÍTULO 28

ON THE STREET WHERE YOU LIVE
VIC DAMONE

Originalmente gravada como *single*
(Columbia, 1956)
Música de Frederick Loewe
Letra de Alan Jay Lerner

VOCÊ TEM UM HÁBITO, UM MAU HÁBITO: cair de amores pelas coisas difíceis. Caiu por uma prostituta fogosa, a vampira que mora nas redondezas, e vira um abestalhado com ela — ela te fisgou.

Você está na rua em que ela mora, no beco. Não sabe exatamente onde ela vive, mas é em algum lugar nas redondezas. Já percorreu todas as vielas, vasculhou a rua de cabo a rabo, como nos velhos tempos, você conhece bem essa área, nada mudou. Mas de repente tudo muda. A calçada, que sempre esteve sob seus pés, levanta voo e vira de cabeça pra baixo. Você é alçado ao topo de um edifício bem alto, um verdadeiro destruidor de nuvens. Quando olha pra baixo, tudo parece pequeno e insignificante, até a rua em que ela mora, você se vê nessa rua, uma não entidade, um não ser. Em seguida, é arremessado de volta à realidade, em uma queda longa, e se estatela no cimento feito um trem expresso, mas não tem um só arranhão, então é provável que tudo esteja em ordem. Aí, você continua de onde parou. Percorre becos escuros, espreita salões e corredores na esperança de vê-la de relance, e você costumava caminhar com frequência por essa rua.

É nessa rua mesmo que ela mora? Só pode ser, porque aqui os passarinhos cantam e não é possível que cantem em qualquer outra rua. Você ainda tem algum senso de direção, então retoma a caminhada. Há lilases neste lado da cidade? — você se pergunta, mas a dúvida dura pouco. As pessoas param e olham, mas você nem se incomoda, está numa pira mental e distraído demais para se dar conta. Elas ficam boquiabertas, fofocam, lançam olhares maldosos na sua direção. Mas nada disso te atinge. Não vai ficar batendo cabeça por causa disso. Para você, o escrutínio é indiferente. Não há outro lugar no planeta onde prefira estar a não ser nessa rua sem saída, a rua onde ela mora.

Quanto tempo até que você se dê conta de que seu tempo livre é uma indulgência, porém, mais uma vez, o que tem a perder? Quanto mais tempo sem vê-la, menores as chances de ofendê-la, é assim que você encara os fatos. Que o relógio siga correndo, é isso que importa. Numa fração de segundos tudo pode mudar novamente. Você está na rua em que ela mora. Poderia estar em qualquer outra rua do mundo, mas prefere essa. É uma rua antiga, é antiquada e sempre esteve aqui, e você tem que ter uma boa relação com ela. Precisa fazer dessa rua sua amiga.

ESSA CANÇÃO É TODA SOBRE RIMAS trissilábicas:

"*street before/feet before*", "*heart of town/part of town*", "*bother me/rather be*". Você pode inventar as suas: *here at last/clear at last, ring that bell/what's that smell?* Mãos à rima, não se oprima. Vic Damone. *Sick at home*.

Talvez seja o mais próximo que você pode chegar de alguém, a rua em que a pessoa mora. Talvez você imagine que a qualquer hora a tal pessoa pode aparecer, você está tão perto. Talvez somente tenha que esperar uma noite e um dia inteiros. Talvez um carro de polícia apareça e perguntem o que você está fazendo ali. Se disser a verdade, que apenas está à espera de alguém, provavelmente será preso por stalkear. Depende de quem é a pessoa. Você pode stalkear alguém no South Bronx — esperar na rua em que essa pessoa mora. Quanto tempo você vai esperar é que ninguém sabe.

Se você pudesse cantar como Vic Damone, talvez pudesse deixar a prisão. Vic Damone casou-se com Pier Angeli nos anos 1950. Pier Angeli foi o grande amor de James Dean. Reza a lenda que ele esperou do outro lado da rua, em cima de sua moto, no dia do casamento de Pier Angeli. Isso é um aspecto revelador — o fato de Pier Angeli ter ido de James Dean a Vic Damone num piscar de olhos. Você deve estar se perguntando qual era a relação. Será que ela viu algo de Jimmy em Vic Damone? Ou será que ela só precisava se afastar o máximo possível?

Talvez, pelo resto de sua curta vida, essa canção tenha pertencido a James Dean.

CAPÍTULO 29

TRUCKIN'
THE GRATEFUL DEAD

Originalmente lançada como *single* e no álbum *American Beauty*
(Warner Bros., 1970)
Música de Jerry Garcia, Bob Weir e Phil Lesh
Letra de Robert Hunter

THE GRATEFUL DEAD NÃO É uma banda de rock 'n' roll convencional. Em essência, é uma banda dançante. Tem mais em comum com Artie Shaw e bebop do que com Byrds ou Stones. Dançarinos dervixes rodopiantes são tão presentes na música da banda quanto outros elementos. Há uma grande diferença nos tipos de mulher que se vê do palco quando se está tocando com os Stones, em comparação com o Dead. Com os Stones é como estar numa convenção pornô. Com o Dead, as mulheres parecem com as que vemos à beira de um rio no filme *E aí, meu irmão, cadê você?*. Elas flutuam livremente, ondulam e deslizam como num típico sonho fantasioso. Milhares delas. Na maioria das bandas, o público participa como se estivesse num evento esportivo. Fica ali, assistindo. Mantendo certa distância. Com o Dead, o público é parte da banda — quase dá para vê-lo no palco.

O Dead vem de um mundo diferente de seus contemporâneos. Jefferson Airplane, Quicksilver Messenger Service, Big Brother, todos eles juntos sequer fariam parte do Dead. Provavelmente, o que torna essa banda dançante em essência se deva ao baixista de jazz clássico, Phil Lesh, e a Bill Kreutzmann, influenciado por Elvin Jones. Lesh é um dos baixistas mais habilidosos de que se tem notícia, em sutileza e invenção. Aliado a Kreutzmann, a parte rítmica é insuperável. Essa combinação rítmica aliada a elementos do rock 'n' roll tradicional e da música folk americana é o que faz do Dead imbatível. Quando mesclada a seu público, parece um grande balé flutuando livremente. Três vocalistas, dois bateristas e um trio harmônico fazem deles uma banda sem adversários. A versão pós-moderna de um dínamo rock 'n' roll do jazz musical.

Além do mais, há Bob Weir. Um ritmista nada ortodoxo, com um estilo próprio, bem parecido com Joni Mitchell, mas de um jeito diferente. Faz acordes e meio acordes estranhos e esticados em intervalos imprevisíveis que, de certa forma, casam com Jerry Garcia — que toca feito Charlie Christian e Doc Watson ao mesmo tempo. Tudo isso e ainda por cima tem um poeta e escritor, Robert Hunter, que traz amplas influências — de Kerouac a Rilke — encharcadas nas canções de Stephen Foster. Isso aumenta bastante as possibilidades de o Dead tocar quase todo tipo de música e se apropriar dela.

"Truckin'" é uma das canções clássicas da banda e a letra é uma combinação lírica de acontecimentos de um vasto mundo cão. O homem do Doo Dah aparece nessa canção. "*I came down south with my hat caved in*". Essa poderia ser uma canção do Dead de cem anos antes.

Quando você vai a um show do Dead, se sente no meio do Pirate Alley no Barbary Coast, ali pelas bandas da baía de San Francisco. A qualquer hora, pode cair através de um alçapão que dá num barco a remo e ser enviado para a China sem saber. Embora essa canção liste algumas cidades, não tem grandes semelhanças com "Promised Land", de Chuck Berry, nem com "Dancing in the Street", de Martha and The Vandellas, ou com "I've Been Everywhere", de Hank Snow. Essa canção se passa na mesma rua. Chicago, Nova York, Detroit, New Orleans, Houston, Buffalo. É tudo a mesma rua principal. Bem antes de a América se transformar num grande shopping em expansão.

Essa canção tem andamento médio, mas parece que segue ganhando velocidade. O primeiro verso é fantástico, não afrouxa nem se apaga, e cada verso que se segue funciona como um primeiro verso. Setas de neon, marquises piscantes, Dallas e uma máquina macia [*soft machine*], Sweet Jane, vitamina C, Bourbon Street, pinos de boliche, janelas de hotel e um verso clássico, "*What a long strange trip it's been*". Um pensamento com o qual qualquer um pode se identificar. Cartas que não valem um centavo. Tudo na mesma cidade. De todo modo, você está em movimento. A letra vai se empilhando, mas o significado é compreensível e claro. A canção também muda de ritmo e retorna, e o refrão retoma aquela harmonia tripla. "Truckin'" evoca uma sensação diferente da de viajar. É árdua. Mas o Dead é uma banda dançante com swing, então não é nenhum trabalho árduo acompanhá-los.

O cara que interpreta a canção age e fala de um jeito próprio, e não como as outras pessoas gostariam que ele falasse e agisse.

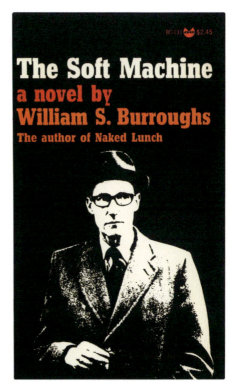

Fazendo um balanço geral, você foi fisgado para sempre, ela é a garota dos seus sonhos — você é o homem da vida dela e quer estar junto pelo resto da vida.

CAPÍTULO 30

RUBY, ARE YOU MAD? OSBORNE BROTHERS

Originalmente gravada como *single*

(MGM, 1956)

Composição de Cousin Emmy (Cynthia May Carver)

ESSA CANÇÃO FALA A LÍNGUA MATERNA em uma velocidade vertiginosa — fogo rápido, intenso e irresistível — muito próxima da alquimia, sabe reconhecer o que vale a pena. Vai direto ao ponto, doida pra te enlouquecer, e Ruby é tudo o que importa.

Ruby, a garota que pode trazer de volta tudo o que você perdeu e te fazer perder tudo de novo. Ruby é o que é, ligadona, antenada e feminina.

Você está sentado à sombra, caidão, anônimo, incógnito, vendo a vida passar, indiferente, calejado — impassível. Compreende o que as pessoas têm de fazer, mas não as coisas que você deveria fazer, a diferença entre você e elas é igual à diferença entre o dia e a noite. Você está marchando em muitas paradas. Essa canção é latim que se fala na igreja, tem uma senhora espinha dorsal e pedacinhos de redemoinho.

Você é o rei libertino e Ruby é a rainha. Ela se empanturrou, está encorpada, melosa, pesada e está em seu auge, e você está no nível do chão. Ela é perspicaz e te tirou de muitas enrascadas. Nenhuma estátua poderia ser tão bela e nenhuma descrição lhe faria jus. Ela não tem raiva de ninguém, te apelidou de "docinho" e você deu a ela o apelido de "botão de ouro", ela zomba de você, pega no seu pé, é sua bonequinha.

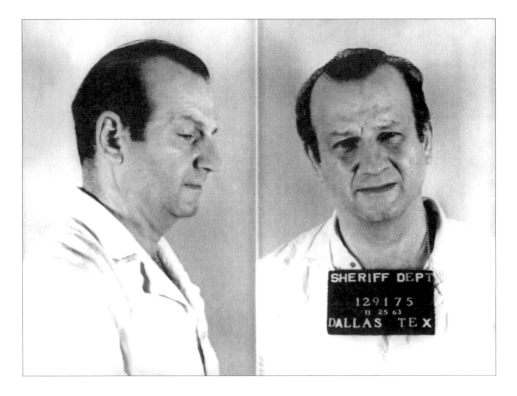

Essa canção é bem-composta, incansável e bem executada. Não se deixe enganar pela pá e pela enxada. Essa canção desce o pico na velocidade da luz, a jato, tocada por magos com um entusiasmo flamejante.

Talvez você tenha tido uns arranca-rabos com Ruby uma vez, mas é coisa do passado.

Fazendo um balanço geral, você foi fisgado para sempre, ela é a garota dos seus sonhos — você é o homem da vida dela e quer estar junto pelo resto da vida. Essa canção escava profundamente a velha guarda, com enxada e pá, morrendo de rir, gargalhando. A canção não precisa de uma só coisa para sobreviver, ela tem um quinquilhão de coisas e dobra a aposta.

RUBY, ARE YOU MAD AT YOUR MAN? *Ruby, don't take your love to town.* "Ruby My Dear", "Ruby Tuesday", "Ruby Baby". O que será que acontece com o nome Ruby? Nem é um nome real. "Rube", em inglês, é sinônimo de pessoa caipira, alguém fácil de engambelar. Alguém que engole qualquer coisa. Basta que você apele a emoções e fantasias que consegue dobrá-la. Sem esquecer do Jack Ruby. Ruby, você está com raiva do seu macho — dá para traduzir a canção de qualquer jeito. Ruby, você está zangada com seu homem — é, acho que dá. Por que você faria isso?

O Osborne Brothers é um grupo de bluegrass muito vigoroso. Talvez o mais vigoroso. Roy Orbison não conseguia segurar uma nota por tanto tempo quanto esse cara que faz o contratenor alto. O Osborne Brothers canta linhas harmônicas extremamente requintadas. Nessa canção, é difícil fazer isso. É só um acorde, mas tudo acontece. Também não tem bateria. O que significa que é ritmo puro. A bateria poderia atrapalhar, seria um atraso. É orquestrada por violinos gêmeos, ágeis e tensos. Uma canção para se dirigir a um penhasco, o rádio ainda ligado, e você não vai sentir nada. Soa como um hino de louvor. Um bandolim a toda. Não dá pra dirigir mais rápido que isso. Nenhuma melodia, um tom, todo mundo a duzentos por hora. Sentado na sombra e escavando com a pá. Ruby, você está com raiva do seu homem? Qualquer pessoa entende esse verso. Qualquer zé-ninguém. E você consegue sentir essa canção com uma força tremenda, a compreensão é dispensável.

O bluegrass é o outro lado do heavy metal. Ambos são estilos musicais com os dois pés na tradição. São estilos de música que, visual e audivelmente, não sofrem mudanças há décadas. As pessoas, em seus campos de atuação, ainda se vestem como Bill Monroe e Ronnie James Dio. As duas formas têm uma linha instrumental tradicional e uma aderência paroquial à forma.

O bluegrass faz a linha mais emocional e direta e, embora talvez não soe óbvio a um ouvinte casual, é a mais audaciosa. Nessa faixa, os vocais intrépidos de Bobby

---

* Alusão a músicas de Osborne Brothers, Kenny Rogers e Beatles.

A FILOSOFIA *da* MÚSICA MODERNA

Osborne, as notas sustentadas e o desempenho dos banjos gêmeos em seus disparos feitos relâmpagos se combinam pra fazer uma coisa tão surpreendentemente propulsora que é provável que faria Yngwie Malmsteen coçar a cabeça. É *speed metal* sem o constrangimento do elastano e do satanismo da adolescência.

As pessoas confundem tradição com estagnação. Ouvimos um álbum antigo e imaginamos que ele está selado em âmbar, uma fatia de nostalgia que existe para nos satisfazer, sem falar do suor e da lida, da fúria e do sangue investidos em sua produção ou no que ele pode ter se transformado. A gravação não passa de mero retrato dos músicos em ação naquele momento. Um retrato pode resultar instigante e habilidoso, mas é a escolha de um único momento em meio a uma sucessão de momentos que faz da música imortal.

Existe uma gravação do Osborne Brothers num festival de bluegrass feita talvez dez anos depois que essa canção foi lançada. Àquela altura, era só um show de sucessos, não o lançamento oficial do primeiro disco gravado. A canção foi boa para a carreira deles e é provável que a tenham tocado ao vivo mais de mil vezes. Bastava seguir o fluxo e apresentar uma cópia quase fiel da gravação. Em vez disso, a canção se transformou e amadureceu. A bateria se tornou parte da orquestração e eles acharam uma maneira de incorporá-la sem atrapalhar o embalo. Um *lick* irrelevante tocado no banjo certa noite, repetido e aperfeiçoado até se tornar um riff central que baseava outra parte. Ainda era a mesma canção, mas aquelas notinhas graciosas e a elasticidade a mantiveram viva, batendo a poeira de suas botas.

Claro que algumas pessoas resmungaram e elas deviam ter ficado em casa. E ao vivo, assim como no álbum, quando a banda faz uma parada repentina para acolher aquelas harmonias peitudas e maravilhosas antes de recuar com a fúria do banjo, torna-se, com grande euforia, ao mesmo tempo bem amarrada e transbordante.

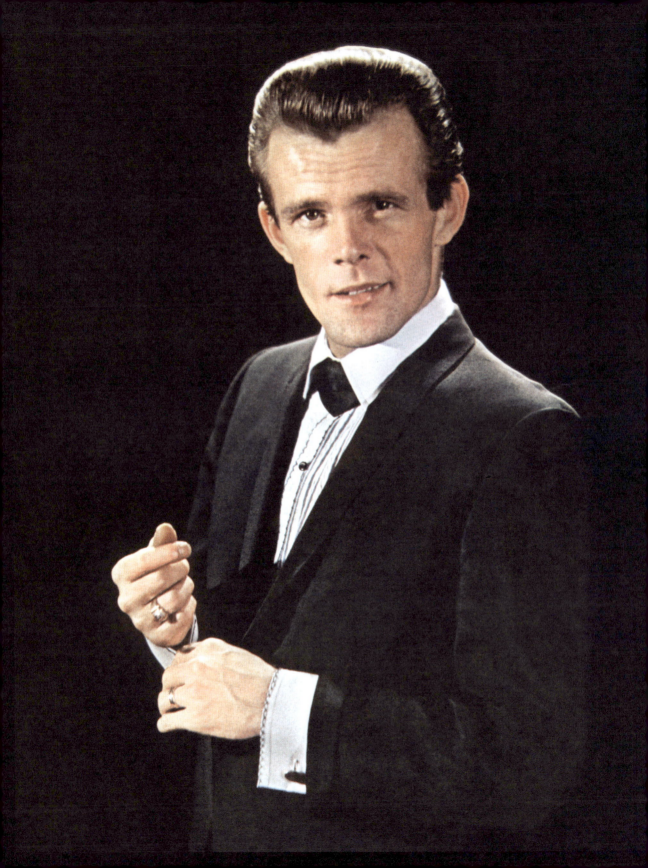

CAPÍTULO 31

OLD VIOLIN
JOHNNY PAYCHECK

Originalmente lançada como *single*
(Mercury, 1986)
Composição de Johnny Paycheck

HÁ MUITOS MOTIVOS PARA AS PESSOAS

mudarem de nome. Algumas ganham nomes novos em consequência de cerimônias religiosas, ou de ritos de passagem; ou então a mudança para novos lugares,
nos quais há ditongos incomuns ou combinações de consoantes, assim como tre-
mas e tils até então desconhecidos, acaba obrigando nomes étnicos a serem abre-
viados para nomes mais insossos.

Também há aquelas pessoas que mudam seus próprios nomes, fugindo de um demônio invisível ou saindo em busca de outros objetivos. Donald Eugene Lytle sabia
que tinha nascido para algo além do que seu nome de batismo lhe havia reservado.
Quando era adolescente, a cidade natal de Greenfield, Ohio, mal conseguiu contê-
-lo. Ele já havia dominado todos os concursos de talento locais desde os nove anos
de idade, logo que aprendeu sozinho a tocar quase todos os instrumentos de corda.

Em meados da década de 1950, tocava baixo e guitarra havaiana, além de cantar como tenor ao lado de grandes nomes, como Ray Price e Faron Young, e outras promessas, como Willie Nelson. Em 1960, já tinha dois sucessos. Três, se você
levar em conta sua mudança de nome para Donny Young.

Com esse nome entrou nas paradas de música country, e chegou à posição 35 com uma canção chamada "Miracle of Love". No lado B estava "Shakin' the Blues", cujo autor era um homem que daria a Donny Young outra grande chance daquele ano, ao contratá-lo para sua banda: a lenda do country, George Jones.

George Jones e Donny Young viveram uma transformação na época que tocaram juntos. Ambos eram cantores caipiras doidões e faziam o estilo preferido do produtor musical country Pappy Daily, que preferia o estilo das canções de Roger Miller como "Tall Tall Trees" e "You Gotta Be My Baby".

George era um encrenqueiro, propenso à bebida e costumava não aparecer nos shows, mas Donny ia além. Era um cara baixinho, não tinha nem um metro e meio. Assim como muitos homens baixos, era mais atarracado que o interior de uma bola de golfe e perdia as estribeiras com certa frequência. Uma nuvem pesada e uma longa ficha criminal acompanhavam Donny Young, e aquele nome soava excessivamente solar para um homem que era encontrado caído nos becos, todo esfarrapado depois de três dias de bebedeira.

Em 1964, Donny trocou a primeira letra e adotou o nome de um boxeador polonês de Chicago que enfrentou Joe Louis pelo título de peso-pesado em 1940, no Madison Square Garden. Johnny Paycheck não saiu vitorioso, mas Donny Young levou seu nome adiante. E assim como em toda metamorfose real, qualquer pessoa que olhasse para a borboleta mal conseguiria imaginar a lagarta que ele fora um dia.

Johnny Paycheck foi o fora da lei que todos os outros cantores de música country alegavam ser. Talvez porque George Jones e Waylon Jennings haviam nascido com esses nomes, ao passo que Johnny parecia saber desde o nascimento que estava fugindo e sua única esperança de despistar os cães do inferno que viviam na sua cola — mesmo que fosse por um breve período — era usar um nome diferente.

Havia caos, tumulto e fugas no último minuto, mas acima de tudo havia seu canto, que não podia ser contestado. Muita gente acha que o som que fez de George Jones o rei da música country surgiu porque ele prestava muita atenção no seu ex-baixista e era mais confiável que ele. Mas quando um cara que vai dirigindo o cortador de grama até a loja de bebidas, porque sua esposa havia escondido a chave do carro, é considerado mais confiável, você já pode ter uma noção de como era a cena country naquela época.

Donny Young deixou pra trás a leveza de suas primeiras gravações e foi para o estúdio com Billy Sherrill, o produtor de Nashville que anunciava aos quatro ventos que não ia engolir qualquer merda ao mesmo tempo que batia sua pistola calibre 45 na mesa de oito canais para deixar claro quais eram seus limites.

Johnny compôs sucessos como "Apartment #9", gravado por Tammy Wynette, assim como clássicos do tipo "(Pardon Me) I've Got Someone to Kill", que compôs com Aubrey Mayhew, mas acabou gravando sozinho. Compor, gravar, fazer turnês, causar tumulto — Johnny Paycheck não era mais Donny Young.

Ele chegou no topo das paradas e se tornou um herói operário ao cantar o hino do homem comum, "Take This Job and Shove It", de David Allan Coe.

Quando veio a derrocada, as manchetes falavam de bebida alcoólica, cocaína, uma bala calibre 22 que atravessou o crânio de um homem, enfim, 22 meses de prisão.

Quando George Strait gravou "Old Violin", ele contou que Johnny Paycheck havia composto a canção enquanto aguardava a absolvição do governador de Ohio, Richard Celeste. É fácil prestar atenção na letra e imaginar Johnny em sua cela, sentindo-se como se fosse um velho violino abandonado, que nunca

mais seria ouvido por ninguém. Mas as canções dão seu jeito de escapar. Pessoas como George Strait as levam ao conhecimento de novos públicos. E o melhor de tudo é que Johnny também conseguiu escapar: foi absolvido, voltou para o estúdio e gravou "Old Violin". Foi o *single* mais bem-sucedido, mas não o último, dos que gravou depois da prisão, tendo alcançado a posição 21 das paradas musicais.

George Strait fez um bom trabalho. No entanto, ele é o primeiro a dizer que teve uma vida bem diferente de Johnny Paycheck. George Jones sabia disso, tanto que nem ousou cantar a música. Algumas canções vão lutar contra você tanto quanto uma pessoa.

Canções como essa podem até ser regravadas, mas nunca terão de fato a assinatura de outra pessoa. Se ouvir outra pessoa cantando essa canção, pode ser que nem pare para escutar — bastam dois versos de Paycheck para deixar você imóvel.

Há uma versão ao vivo de algum show coletivo de country. Johnny está sentado e sua corpulência o obriga a segurar o violão de um jeito esquisito, embaixo dos joelhos. Ele não faz contato visual com ninguém ao seu redor, só olha a meia distância enquanto canta com uma voz tão polida quanto a madeira de um... velho violino.

Nenhum outro cantor country — Hanky, Lefty, Kitty —, ninguém chega aos pés dessa interpretação. Ele desce para um barítono baixo e depois sobe para um

OLD VIOLIN

tenor alto, demonstrando que, de alguma forma, todos os anos de excessos não danificaram sua voz. Ele seduz, se aproxima do microfone para um momento de declamação sincera e então para de dedilhar o violão e olha para o céu feito Babe Ruth sinalizando um *home run* de Johnny Silvester, antes de atingir uma nota tão pura e límpida quanto um riacho de montanha.

Dizem que Sinatra era um brutamontes que se transformava em poeta quando cantava. Frank cantou basicamente o amor e a perda. Nessa canção, a aposta é mais alta — trata-se de vida e morte.

Às vezes, quando compositores escrevem com base na história de sua vida, os resultados podem ser muito singulares, e outras pessoas não conseguem se identificar. Acrescentar melodias a diários não é garantia de profundidade de uma canção. Por outro lado, Sinatra demonstrou inúmeras vezes que canções sobre luas cheias de junho sempre tocarão nosso coração.

Com "Old Violin" é diferente: a metáfora estendida da obsolescência, da rodada final é tão vívida e tão simples, as palavras são tão indissociáveis da performance de Johnny, que conhecer a história não diminui em nada a canção. Todos nós sentimos o *pathos* da história.

Nem sempre é assim. Doc Pomus, vítima da poliomielite, estava numa cadeira de rodas no dia de seu casamento, observando a noiva dançar com seu irmão, enquanto escrevia a letra de "Save the Last Dance for Me". Por mais espantosa e comovente que seja essa história, é possível argumentar que ela diminui a canção porque troca algo que costumava ser uma mensagem universal de amor por um conjunto muito específico de imagens. É difícil substituir sua história de amor pela de Doc quando se tem conhecimento da comovente história de pano de fundo.

Talvez seja por isso que tão poucas canções feitas na era do vídeo se tornaram clássicas. Ficamos presos às mensagens de uma pessoa nas letras da canção. Mas, por um milagre, "Old Violin" transcende.

As pessoas viam Johnny Paycheck como um caso perdido. Mas novamente ele provava que estavam enganadas: ele era o próprio velho violino, não menos que um Stradivarius, talvez aquele que Paganini tocava. Essa é a interpretação mais corajosa, generosa e fiel que você já ouviu.

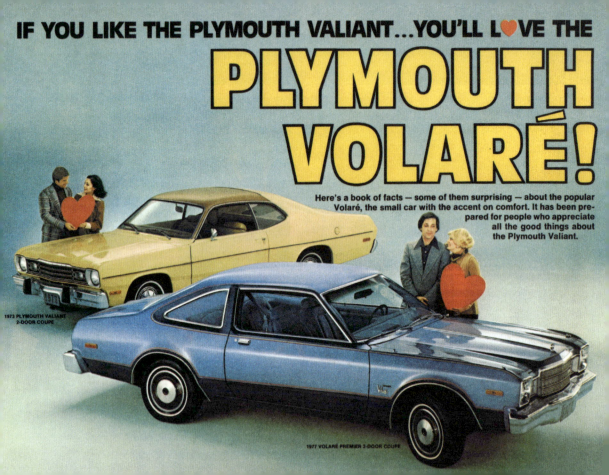

CAPÍTULO 32

VOLARE (NEL BLU, DIPINTO DI BLU) DOMENICO MODUGNO

Originalmente lançada como *single*

(Fonit, 1958)

Composição de Domenico Modugno e Franco Migliacci

VOAR MUITO ALTO PODE SER PERIGOSO, um movimento malfeito desencadeia outro, que costuma ser pior que o anterior. Comprometer-se precipitadamente pode levar ao desastre, mas uma vez que você vai, não tem mais volta. Essa canção está zunindo e zumbindo, e segue seu curso, toma velocidade e voa em direção ao sol, ricocheteia as estrelas, exala sonhos surreais e explode num mundo de fantasia. É uma canção extravagante que paira no ar.

Você capturou a imagem mental, a Utopia, que está pintada de azul. Tinta óleo, maquiagem e graxa, afrescos besuntados de azul, e começa a cantar feito um canário. Você se diverte e anda pelos ares, no espaço infinito.

Você é um dos gêmeos Bobbsey, duas cabeças pensando como uma só, maravilhoso e incrível. Você fica chapado e se diverte muito, todo mundo quer se divertir, vamos lá curtir a vida. É só dar um pulinho e, de repente, está nas nuvens. Você é lançado aos ares, faz manobras e pilota como um aviador. Vê-se espelhado em seus próprios sonhos e vive uma experiência fascinante. Voa para além do véu, leve feito uma pluma, e permanece nos vapores, bem acima da multidão ensandecida, dos sabichões, dos julgadores e das panelinhas. De todas as organizações, de tudo que quer puxar seu pé e trazê-lo de volta à terra.

Ao redor do globo, você dispara e penetra o labirinto. Só por isso seu coração já fica alegre e canta. Canta as melodias com todos os tons e vibrações dos sentidos. Ragtime, bebop, operístico e sinfônico. O som dos violinos zumbindo nos seus ouvidos, e tudo está em sintonia — sintonizado ao seu eu mercurial. Você está viajando através de dimensões, está à beira do universo, no brilho das luzes do grande milênio, e a única opção é subir mais e mais.

Você tem quase certeza de que sofreu uma mutação biológica, deixou de ser um reles mortal. Podia até rasgar seu próprio corpo e jogar os pedacinhos por toda parte. Ao pisar fundo no acelerador, sobe ainda mais e perde o controle; tudo se torna um borrão nebuloso e não há mais nada além da sua imaginação. Você vibra e flutua, não há nada que não possa descobrir, nem mesmo as coisas ocultas, e quanto mais fundo vai, mais compreende. Tenta falar sozinho, mas, depois de algumas poucas palavras, a conversa acaba. Você flameja como um cometa, sai voando para as estrelas. Talvez esteja louco, mas não é nenhum imbecil.

ESSA PODE TER SIDO UMA DAS PRIMEIRAS canções alucinógenas da história, e antecede "White Rabbit", de Jefferson Airplane em pelo menos dez anos. Uma melodia tão cativante quanto essa você provavelmente nunca ouvirá ou experimentará. Até sem ouvir, você ouve. É uma canção que se infiltra no ar. Música que não pode faltar em casamentos, bar mitzvahs e talvez até em funerais. É o exemplo perfeito de quando você não consegue pensar em nenhuma palavra para acompanhar uma melodia, basta cantar "Oh, oh, oh, oh". Parece que fala de um homem que quer se pintar de azul e voar. *Volare*, isto é, "Vamos voar para o *cielo* infinito". Claro, o céu não tem fim. O mundo inteiro pode acabar, mas eu estou dentro da minha cabeça.

É muito libertador ouvir uma canção sendo cantada num idioma que você não compreende. Vá ver uma ópera e o drama vai pular do palco mesmo que você não entenda uma só palavra. Ouça um fado e a tristeza começa a gotejar até para quem não fala um *a* de português. Às vezes, ouvimos uma canção tão cheia de emoção que achamos que o coração está prestes a explodir, e aí, quando pedimos para alguém traduzir a letra, ela é tão mundana quanto "não consigo achar o meu chapéu".

Por algum motivo, certas línguas soam melhor que outras. Claro, o alemão combina com as polkas enérgicas de festivais de cerveja, mas eu prefiro o italiano com suas vogais carameladas e seu vocabulário polissilábico e melodioso.

Originalmente, "Volare" foi gravada por um cantor italiano chamado Domenico Modugno — só o som do nome dele já é música. Uma canção que pode encantar você a qualquer momento, dia ou noite. É sempre assim. Você começa a voar bem alto e ultrapassa o sol.

Bobby Rydell também fez muito sucesso com sua versão. Ele era um cantor da Filadélfia do final da década de 1950 — dando origem ao som da Filadélfia. Rydell era tanto um aspirante a Sinatra quanto um aspirante a Bobby Darin. Darin e Rydell são quase uma versão energética de Sinatra. Você não vai perceber influências de Dino nesses caras, ao contrário de Elvis (Phil Spector, em "Be My Baby", pegou os "*whoa, whoa, whoa*"s dessa canção).

"Volare" é uma sedução em italiano que começa com um arranjo onírico para piano, seguido pelo vocal de Domenico todo envolto em acordes de órgão antes da arremetida do famoso refrão do título.

O som da música é suntuoso, cheio de elementos díspares, mas nunca desordenado; um baterista que primorosamente muda das baquetas de nylon com seus *grooves* para uma batida com mais impacto, com cordas bailarinas de pizzicato, e um órgão que ecoa como se fosse a era espacial. O vocal tem tudo a ver com o movimento — uma hora tem sussurros de intimidade, na outra, uma grande exultação, um interlúdio de recitação seguido de melancolia que se traduz sem precisar de uma língua.

CAPÍTULO 33

LONDON CALLING
THE CLASH

Originalmente lançada como *single*

(CBS, 1979)

Composição de Joe Strummer e Mick Jones

O PUNK ROCK É A MÚSICA DA FRUSTRAÇÃO

e da raiva, mas o pessoal do The Clash é diferente: com eles, é a música do desespero. Eles eram uma banda desesperada. Apostavam tudo. E eles têm tão pouco tempo. Muitas de suas canções são exageradas, excessivas e bem-intencionadas. Não é o caso dessa. É provável que seja o The Clash em sua melhor forma, em sua maior relevância, no ápice do desespero. Eles sempre foram a banda que imaginavam ser.

"London Calling". Havia uma peça de teatro com o mesmo nome na Londres de 1923, um musical com esquetes piegas. A frase nunca morreu. Nos anos 1940, "London Calling" só podia ter efeitos sinistros. Londres chamando — envie comida, roupa, aviões, tudo que for possível. E logo passou a ser um chamado direto e frequente, sobretudo para os norte-americanos. Não era o mesmo que um chamado de Roma ou de Paris ou de Copenhagen ou de Buenos Aires ou de Sydney, nem mesmo Moscou. Era possível se esquivar de todas essas chamadas dizendo "Anote o recado, nós retornaremos". Mas não Londres.

O contraponto dessa canção é "England Swings Like a Pendulum Do", de Roger Miller: *bobbies on bicycles two by two*. The Clash deixa essa última no

chinelo. A falsa beatlemania comeu pó. O The Clash desdenhava da beatlemania. O adolescente e as emoções extremadas de uma idade esquisita. "I Wanna Hold Your Hand" e as canções-tema de Little Missy e as colegiais, toda aquela mania açucarada dos dezesseis anos, não cabiam mais na Londres real. A Londres real estava em guerra. Londres está no submundo. Drogas e especulação imobiliária à beira-mar — O The Clash zomba do tolo na colina.* Aquele cassetete vai cantar na sua cabeça enquanto você canta "Hey Jude". Tudo ruiu e o The Clash mora perto do rio.

* Referência à canção "Fool on the hill", dos Beatles.

LONDON CALLING

Toda vez que você menciona um rio nos Estados Unidos, tem em mente o Mississipi. Um belo e amplo corpo d'água que corta a América do Norte ao meio — e tudo mais o que ele evoca. The Clash fala sobre o Tâmisa, mas nos Estados Unidos só se pensa no Mississippi. E é isso que dá a essa canção em especial um apelo tão amplo. O mundo está pegando fogo, mas o cara ainda mora perto do rio, e isso dá a ele algum tipo de esperança, uma saída para escapar de qualquer dificuldade.

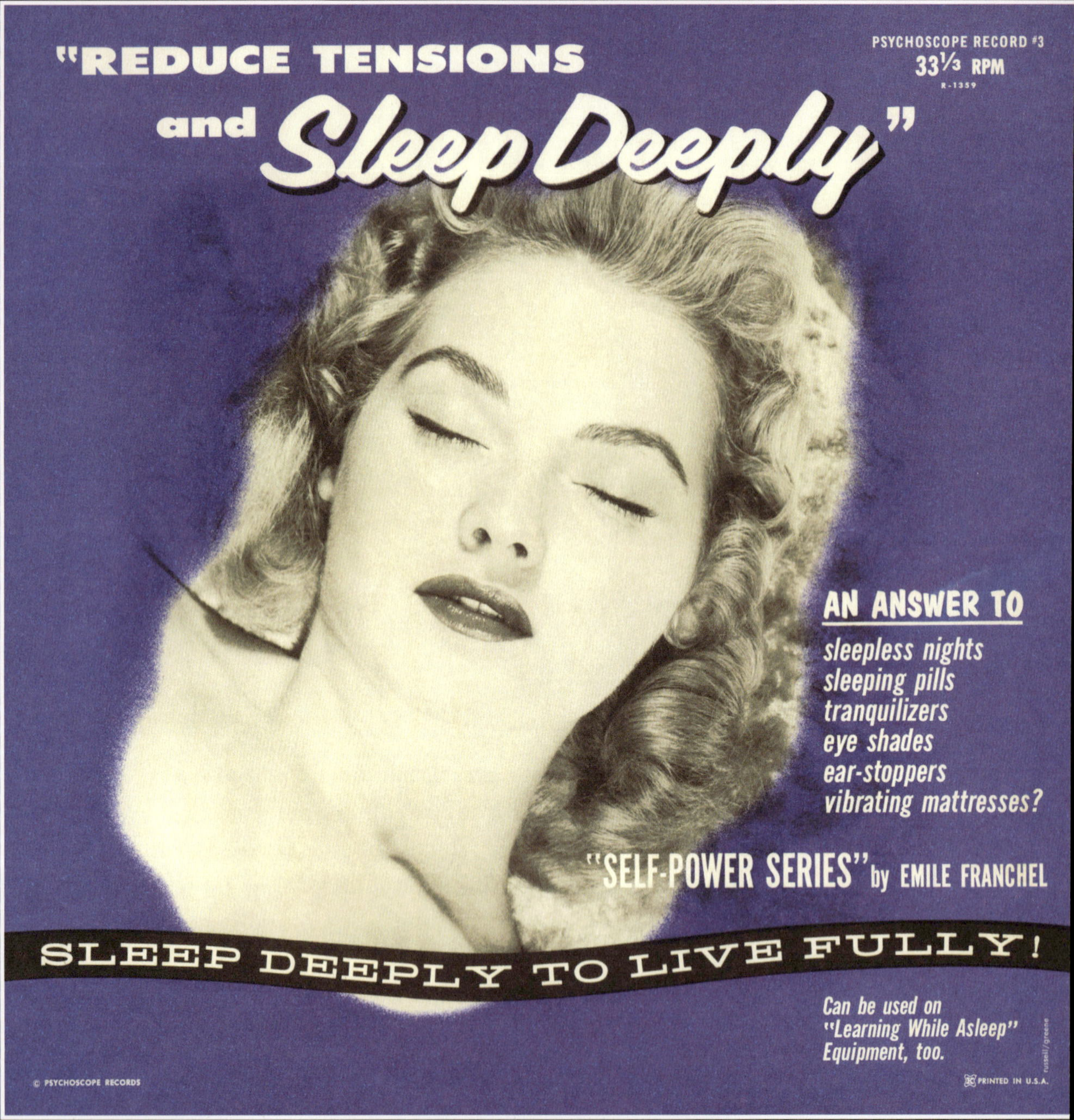

PSYCHOSCOPE RECORD #3
33⅓ RPM
R-1359
"REDUCE TENSIONS
and Sleep Deeply"
AN ANSWER TO
sleepless nights
sleeping pills
tranquilizers
eye shades
ear-stoppers
vibrating mattresses?
"SELF-POWER SERIES" by EMILE FRANCHEL
SLEEP DEEPLY TO LIVE FULLY!
Can be used on
"Learning While Asleep"
Equipment, too.
russell/greene
© PSYCHOSCOPE RECORDS
PRINTED IN U.S.A.

CAPÍTULO 34

YOUR CHEATIN' HEART HANK WILLIAMS WITH HIS DRIFTING COWBOYS

Originalmente lançada como *single*

(MGM, 1953)

Composição de Hank Williams

ESSA É A CANÇÃO DO VIGARISTA. Nessa canção você é o embusteiro que me vendeu gato por lebre — me persuadiu, me ludibriou, agora não tem mais cartas na manga, e logo o sofrimento excruciante te fará gemer. Como eu sei? Sabendo. Talvez tenha uma bola de cristal, talvez saiba ler cartas de tarô, talvez simplesmente consiga prever as coisas, talvez tenha um sexto sentido. São muitos os "talvezes". Eu não sei como sei, eu só sei.

O seu coração trapaceiro tinha poderes ilimitados, não era confiável, era corrupto e traiçoeiro — foi responsável por trazer veneno e doenças às casas de milhões, e você se congratulava por isso, celebrava a si próprio. Você estava por trás de tudo, agindo como se o mundo fosse seu, tirava o seu da reta e voltava atrás nas suas palavras. Você não tinha vergonha na cara e ninguém podia contar com você; você cuspiu no prato em que comeu. Era amoral, soberbo e forjou as doutrinas da vida; você devora carne humana, mas agora tudo acabou, você foi pego e condenado, todas essas coisas podem ser comprovadas por declarações juramentadas.

Foram pistas quentes e informações privilegiadas que te entregaram, o seu coração te traiu, não era o que você pensava. A casa finalmente caiu e agora está na hora de pagar — e faz muito tempo que esse boleto venceu.

Logo você vai chorar compulsivamente, varando a noite, ansioso, a consciência preenchida com autodesprezo. Lágrimas caindo como chuva — e não é garoa, mas um pé-d'água, um toró —, a chuva ensopa o colchão e a colcha, um rastro de lágrimas que desce até o porão, uma verdadeira enxurrada.

Você me arrancou qualquer possibilidade de felicidade, e sua mente vai te punir por isso. Sem conseguir dormir, nem por um minuto. Você vai gritar, abrir o berreiro, vai chamar o meu nome, mas eu vou te repelir, não reconhecerei a sua voz — ela não vai soar como sendo sua. Você vai querer que eu passe aí, mas eu não vou.

Logo você vai marchar do mesmo lado da estrada em que eu estiver, vamos ver como você se sai. Você era preconceituoso, estúpido e hipócrita, e agora o seu coração trapaceiro está marcando presença. Você não queria que eu tivesse uma vida honesta, você me engabelou e me enrolou, e agora não vai mais saber o que é dormir. Nem hoje à noite, nem em qualquer outra. Você achou que podia fazer qualquer coisa, pensou que viveria eternamente, foi com tudo. Você simplesmente não tinha o temperamento certo para dar conta do recado. Não é pouca coisa, não.

YOUR CHEATIN' HEART

ESSA CANÇÃO PODE SER ENTENDIDA de duas formas diferentes. Em uma delas, você é um médium e tem uma daquelas lojinhas que anunciam leitura de cartas de tarô ou algo do tipo. Pessoas entram, você joga algumas cartas e fica claro que está falando com gente que tem um coração trapaceiro, e agora você está apenas expondo isso a elas. Não há nada que possam fazer a respeito. O estrago está feito.

Uma canção como essa fará você examinar a si mesmo — todas as suas ações. Ela é tocada e cantada à perfeição. As frases do violino e da guitarra havaiana formam grande parte da melodia. Cada frase caminha de mãos dadas com a voz. Isso é muito difícil de fazer nos dias de hoje: é preciso músicos entrosados, que toquem notas simples de um acorde com a intensidade exata, correta, inalterável. Frases como essas valem mais que todos os *licks* técnicos do mundo. Se Hank fosse cantar essa canção e alguém como Joe Satriani estivesse tocando os *licks* de resposta ao vocal, como fazem em muitas bandas de blues, não funcionaria e uma grande canção seria desperdiçada.

Esse é o problema de muitas coisas hoje em dia. Tudo é tão cheio, tudo vem mastigado para nós. Todas as canções tratam de um assunto específico, sem gradações, sem nuance, sem mistério. Talvez seja por isso que, hoje, a música não é um lugar onde as pessoas guardam os seus sonhos — esse ambiente sem ar sufoca os sonhos.

Isso acontece não somente com canções: filmes, programas de TV, até roupas e comida, tudo é feito para um nicho de mercado e é excessivamente propagandeado. Não existe um item do cardápio que não venha acompanhado por meia dúzia de adjetivos, todos selecionados para agradar a percepção do consumidor sociopolítico-humanitário-metido a besta. Saboreie seus ovos orgânicos, com infusão de cominho e redução de pó de pimenta caiena. Às vezes, é melhor comer um sanduíche de bacon, alface e tomate — e pronto.

Ninguém chega aos pés de Hank Williams. Se você pensar nos clássicos que ele gravou, e não foram muitos, ele os recriou ao seu estilo. Dá para imaginá-lo cantando todos os sucessos daquela época, como "How Much is that Doggie in the Window", "Que Sera, Sera", até mesmo "Stardust" e "On the Sunny Side of the Street". Se ele tivesse gravado essas canções, teria feito Sinatra suar a camisa.

A simplicidade dessa canção é a chave. Mas também a confiança tranquila de um cantor como Hank. A canção parece mais lenta do que de fato é porque Hank não se deixa levar pela banda. A tensão entre a batida do ritmo dessa quase polca e a tristeza na voz de Hank é o que realmente nos toca. Hank é desses raros artistas que conseguem cantar qualquer coisa e se tornar donos da canção. Ouça "On Top of Old Smoky" ou "Cool Water".

Willie Nelson é o único que podia estar no mesmo patamar. Por exemplo, ele gravou "Always on My Mind", uma canção que fez sucesso com Elvis. Agora você só se lembra da versão de Willie.

CAPÍTULO 35

BLUE BAYOU
ROY ORBISON

Originalmente lançada no ábum *In Dreams*
(Monument, 1963)
Composição de Roy Orbison e Joe Melson

NESTA CANÇÃO, VOCÊ ESTÁ ECONOMIZANDO

os seus *pesos*, segurando até os centavos. Trabalhando com bicos, fazendo serviço pesado, tudo para conseguir voltar para Blue Bayou — um lugar que é quase o paraíso e que está vivo em suas memórias. Um lugar de onde você saiu há meio século, movido pela curiosidade, para ver esse mundo gigante e deixá-lo a seus pés.

O que você encontrou foram longas filas, pessoas falando línguas diferentes, resmungando coisas ininteligíveis. Você encontrou a Torre de Babel — encontrou arranha-céus de nonsense e conversas vazias, superestruturas e fundações de abobrinhas e muita balela. Você não era compatível com ninguém, não aprendeu nenhum segredo, não foi aclamado nem conquistou nenhum sucesso. Você jamais construiu ou reconstruiu o que quer que fosse, e agora você está farto da inconsistência disso tudo — está farto de tanta punheta e quer voltar para Blue Bayou.

De volta ao mundo dos animais e do espírito, de volta para aquele doce e pequeno anjo, a namoradinha que morava na mesma rua, que você deixou esperando ao lado de um tupelo no pântano. De volta para a música, a religião e a cultura dela. Você fica vendo essas imagens do passado e quer voltar para tudo aquilo, antes de você largar as rédeas, antes de ser devastado pelo tempo. De volta aos tempos mais

felizes, quando as pessoas eram vivas e alegres, quando você podia se divertir pra valer, aproveitar ao máximo e bancar o palhaço; quando você podia colocar os dois remos na água e se equilibrar; quando você podia abrir o jogo e o universo era todo seu; quando você era alguém, podia botar isca no anzol, lançar a sua rede, velejar por aí no seu esquife e ser um homem do mar; quando você podia relaxar, afrouxar, dominar a realidade, sem ninguém para te vigiar; quando você podia passar o tempo entre visons e ratos-almiscarados e se sentar sob o salgueiro-negro e as folhas da mata — com olhos sonolentos sintonizados ao nascer do sol.

Se ao menos pudesse fazer tudo isso, como você seria feliz, realizado, sem desavenças; você está sonhando agora. Verá seus velhos companheiros, seus amigos do peito de muito tempo. Quando isso acontecer, talvez sinta que resgatou sua vida, que o pior já passou. Você mal pode esperar pela satisfação e pela felicidade de estar em Blue Bayou, apesar de agora estar sem amigos, totalmente só, se sentindo ilhado, tenso e nervoso. Você é basicamente o que sempre foi, sua forma mudou, mas seu espírito continuou o mesmo. Você está pronto para qualquer coisa. Você está pensando à frente.

★★★★★★★★★★★★★★★★★★★★★★★★★★★★★★★★

ESSA É UMA CANÇÃO ESPETACULAR e uma gravação espetacular. Essas duas coisas nem sempre são iguais. Às vezes, as canções ficam imprevisíveis no estúdio — elas podem escapar por entre os dedos. Alguns dos nossos discos favoritos são feitos de canções medíocres que, de alguma forma, ganharam vida durante a gravação.

Aqui, temos as duas coisas. Há tristeza tanto nas palavras como nas rasantes operísticas da voz de Roy — é impossível separar o cantor da canção. Linda Ronstadt gravou uma versão excelente, mas a canção sempre será de Roy.

Na verdade, muitas pessoas citam o *Dicionário de Baseball Dickson* que registra "Linda Ronstadt" como sinônimo de uma bola de alta velocidade, pois ela "*blew by you*". Quando Herb Carneal narrava um jogo do Twins e o rebatedor do time adversário errava a bola, Herb exclamava euforicamente: "Obrigado, Roy Orbinson".

Também é interessante o fato de que, quando o *single* foi lançado, ele ficou no topo das paradas de pop e R&B, mas não nas de música country.

CAPÍTULO 36

MIDNIGHT RIDER
THE ALLMAN BROTHERS

Originalmente lançada no álbum *Idlewild South*

(Capricorn, 1970)

Composição de Gregg Allman e Robert Kim Payne

ESSE É O CAVALEIRO DA MEIA-NOITE — um arqui-protagonista. Ele veste uma fantasia e uma máscara — o fazendeiro, o pequeno empresário, o cidadão de bem. No começo, ele era contra isso ou aquilo, mas logo o alertam: "cuidado com essa língua". E assim ele seguiu em frente com uma nova arma — e agora ele está aqui para abalar e controlar a cultura local.

Ele condena a imoralidade sexual e luta contra a corrupção social. Ele é inimigo jurado da burocracia, dos donos do poder, da fraude eleitoral, dos sindicalistas decadentes, dos picaretas do partido, dos parasitas das empresas, dos *sugar daddies* e dos banqueiros. O cavaleiro da meia-noite quer impor a ruptura e ele tem o poder e a habilidade para criar e aplicar a lei não escrita. Ele é o Alce Macho,* o *whig*, a esquerda e a direita. Ele é o inimigo de todos aqueles que aliciam pobres e ignorantes, e representa todos que temem erguer sua voz com liberdade, impondo uma autoridade arbitrária. O cavaleiro da meia-noite quer que as coisas voltem a ser como eram antes da ordem da economia corporativa, recomeçar do zero. Ele torna o ódio religioso

---

* *Bull Moose* no original, alusão ao *Progressive Party* [Partido Progressista] fundado por Theodore Roosevelt em 1912.

numa formalidade. O cavaleiro da meia-noite é uma figura que usa a violência para fazer o bem. Você já foi avisado e ele chega depois do anoitecer, no momento de se deitar, na hora das assombrações.

O cavaleiro da meia-noite tem apoiadores.

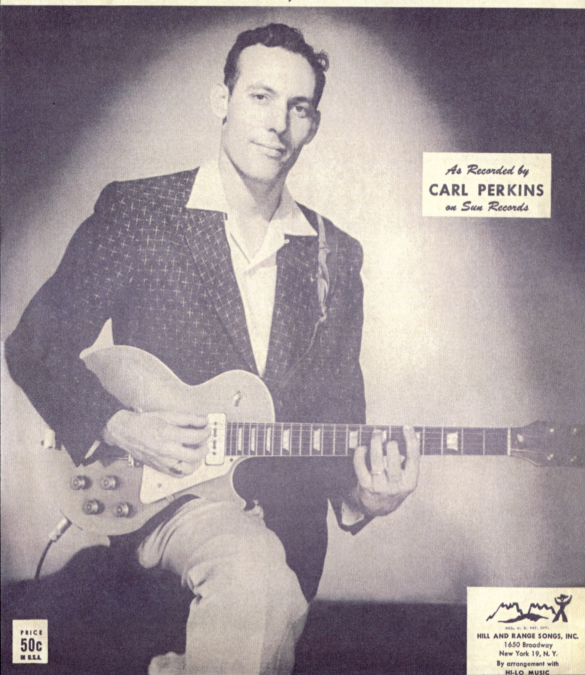

CAPÍTULO 37

BLUE SUEDE SHOES
CARL PERKINS

Originalmente lançada como *single*

(Sun, 1956)

Composição de Carl Perkins

ESSA CANÇÃO É UM AVISO CLARO para todos, bastante ameaçador — um recado para penetras, xeretas, invasores: não se meta aqui, vá cuidar da sua vida e, seja lá o que fizer, fique longe dos sapatos daquele homem.

Ele quer estar bem com todos, mas para ser franco, sua natureza tem uma faceta cruel que pode passar despercebida, e que pode se tornar terrível quando se trata de seus sapatos — especialmente quando se trata de seus sapatos.

Os sapatos são seu maior orgulho e alegria, sagrados e estimados, sua razão de viver, e qualquer um que os arranhe ou danifique está se colocando em risco, não importa se por acidente ou por ignorância. É a única coisa na vida que ele não pode perdoar. Se você não acredita em mim, vá em frente e pise neles — você não vai gostar do que vai acontecer.

Ele se dá bem com a maior parte das pessoas, atura muita coisa e quase nunca o pegam no contrapé — mas seus sapatos são uma história à parte. Coisas insignificantes podem incomodá-lo, mas ele as releva. Ele pode levar um chute nos dentes, apanhar até perder os sentidos, ser escrachado e desacreditado, ele não dá importância, nada disso é tão real quanto seus sapatos. Eles são inestimáveis e estão além de qualquer valor monetário.

Você pode tomar as coisas dele sem pensar em agradecê-lo, botar fogo em suas paredes, roubar o que ele pilhou, levar seu carro, transformar sua casa em um inferno imenso, mas, tratando-se de seus sapatos, preste atenção, eles estão acima de tudo. Eles não têm preço, ninguém estabelece um valor para eles. Cuidado para não arranhá-los ou estragá-los. Se você quiser viver e saber como viver, ficará longe dos sapatos dele. Ele não está querendo bancar o machão, está apenas dizendo o que é importante e o que não é — você também pode beber a bebida dele, sugar seu fluido vital, tragar tudo, brindar, um gole após o outro, beber até cair. Mas para ele isso não é grande coisa, tudo é meio banal: só não arranhe ou pise nos sapatos dele. Fique longe deles, não seja idiota.

Esses sapatos são potentes. Eles podem prever o futuro, localizar objetos perdidos, tratar doenças, identificar os autores de crimes, tudo isso e mais, e estou deixando claro que aquele homem não aceitará que sejam tocados. Eles estão além de qualquer cotação, valem seu peso em ouro, e você já foi alertado. Não pise neles, você servirá de exemplo — haverá consequências, isso eu posso garantir.

Esses sapatos não são como outras coisas fugazes que perecem, morrem ou se transformam. Eles simbolizam a Igreja e o Estado e carregam em si a substância do universo; nada ajuda mais aquele homem do que seus sapatos. Eles respondem a todas as perguntas tolas. Ele pode caminhar mais de 12 mil quilômetros com eles. São selvagens e percebem tudo. Ele nunca vai embora e os abandona, e eles também nunca o deixarão.

Eles não se movem nem falam, mas ainda assim vibram cheios de vida e guardam o poder infinito do sol. Eles não mudaram nada desde que ele os encontrou. Talvez você já tenha ouvido falar deles, os sapatos de camurça azul. Eles são azuis, um azul-royal; não é um azul melancólico, mas um azul matador, como o azul da lua. Eles são preciosos, não tente abafar o espírito deles, procure se portar como um santo, fique longe deles o máximo possível.

A FILOSOFIA *da* MÚSICA MODERNA

EXISTEM MAIS CANÇÕES SOBRE SAPATOS do que todas sobre chapéus, calças e vestidos juntas. Os sapatos de Ray Price estavam sempre caminhando de volta para ele, Betty Lou tem um novo par deles, Chuck Willis não queria pendurar os dele, Bill Anderson pregou um par no chão e nos sapatos dos Drifters têm areia. Sugar Pie DeSanto cantou sobre seus *mules* e Run-DMC sobre seus Adidas. Existem canções sobre sapatos novos, velhos, enlameados, de correr, de dançar, sapatos vermelhos perto da farmácia, e o velho sapato de sola macia.

Sapatos revelam o caráter, a posição social e a personalidade. Mães costumavam aconselhar as filhas sobre descobrir coisas a respeito de um homem observando seus sapatos. Em uma versão de *O príncipe e o mendigo*, o príncipe é revelado pelos seus sapatos, que ele não trocou como o restante das roupas por não estar disposto a sacrificar o conforto de seus calçados de qualidade. Cinderela foi identificada ao calçar seus sapatinhos de cristal.

Félix Edmundovich Dzerzhinsky, também conhecido como Félix de Ferro, conselheiro de confiança de Lênin e Stalin, comandou a primeira formação da polícia secreta soviética, a Tcheka. Durante o Terror Vermelho, no início da Guerra Civil Russa em 1918, Lênin perguntou por quantas execuções a Tcheka era responsável. Dzerzhinsky sugeriu que contassem o número de sapatos e o dividisse por dois.

No entanto, apesar de tudo o que os sapatos revelam, eles não entregam seus segredos com tanta facilidade. Só recentemente o vestuário, incluindo os calçados, passou a estampar o nome de seus fabricantes. As roupas de trabalho costumavam ser assim — como a garantia de durabilidade dos jeans Levi Strauss, por exemplo. Mas, quanto melhor a qualidade da roupa, mais sutilmente ela anuncia sua linhagem. Seu pé esconderia a assinatura na palmilha e, como o código de Ormetà da máfia, a língua nada revelaria.

É claro que você pode caminhar pela 14th Street ou pelo mercado de pulgas de qualquer outra cidade, e comprar falsificações de Prada, Bruno Magli ou Stacy Adams, mas você não vai enganar os conhecedores. Você não precisa ver a marca

BLUE SUEDE SHOES

para reconhecer a tacanhez do acabamento, o vinil no lugar do couro, o encrespamento da pele de crocodilo falsa. Snoop Dogg jamais diria que uma falsificação é a coisa certa, muito menos escreveria uma canção sobre ela.

Quando se é jovem, é difícil dispor de dinheiro o suficiente para ter o melhor carro da vizinhança ou a maior casa. Mas você talvez consiga ter os sapatos mais maneiros. Eles se tornam uma questão de orgulho, e vale a pena cuidar deles.

Antigamente os sapatos de couro eram polidos com cuspe até brilhar, carinhosamente cuidados com panos de camurça, lubrificados e polidos após cada uso. Era importante manter a aparência de novos em folha.

Podemos indicar a origem mais extrema dos sapatos virginais com a prática dos pés de lótus na China, na qual se enfaixava com força os pés de meninas até que eles ficassem com a forma que se encaixasse nos minúsculos e tradicionais sapatos de lótus, com o impressionante e terrível tamanho de dez centímetros.

Mais recentemente, surgiram os sapatos brancos, tão orgulhosos da sua superfície imaculada que vinham com uma escova para apagar qualquer mancha. Isso para não mencionar os sapatos de camurça azul — será que algum sapato já proclamou sua frivolidade com mais alegria? Alguma peça de vestuário já anunciou mais abertamente que não era feita para a fazenda, para pisar em merda de porco?

Pobre Carl Perkins, assistindo a Elvis Presley cantar sua "Blue Suede Shoes" pela televisão, em 1956, de uma cama de hospital. Naquela altura, a versão de Carl tinha vendido meio milhão de cópias, mas um acidente de carro a caminho do *The Perry Como Show* freou o impulso da carreira de Carl, e ele nunca se recuperou. Mas talvez não estivesse destinado a ser o rei do rock 'n' roll. Suas baladas, como "Sure to Fall", eram dolorosamente lindas, mas caipiras na essência. Canções como "Tennessee" estavam distantes da "Promised Land" de Chuck Berry, chegando ao ponto de se gabar do fato de que haviam "construído a primeira bomba atômica no Tennessee". Carl era country demais para receber a coroa do rock 'n' roll.

Elvis, por sua vez, tinha olhos temperamentais e maçãs do rosto angulosas, nascido no interior, mas vivendo na cidade, piloto de caminhonete, quadris em movimento com um leve toque selvagem de perigo. Carl escreveu essa canção, mas se Elvis estivesse vivo hoje, o contrato com a Nike seria dele.

CAPÍTULO 38

MY PRAYER
THE PLATTERS

Originalmente lançada como *single*

(Mercury, 1956)

Composição de Georges Boulanger, Carlos Gomez Barrera e Jimmy Kennedy

"MY PRAYER" FOI UM SUCESSO EM CINCO

décadas diferentes, sendo gravada em catorze línguas. Originalmente, era uma música instrumental criada por um violinista de música de salão com o título "Avant de mourir", que pode ser traduzido como "antes de morrer". Treze anos depois, um norte-americano, Jimmy Kennedy, acrescentou letra e deu à canção o título de "My Prayer". Foi um hit instantâneo com Glenn Miller e The Ink Spots.

Essa é mais uma daquelas canções que surgiram de uma melodia europeia. A parte que fala sobre o crepúsculo é a introdução da canção. Muitas canções compostas nessa época tinham introduções nessa estrutura. Se você tem duas canções e não sabe o que fazer com elas, você junta as duas e o resultado pode ser catastrófico ou iluminador.

O cantor principal do The Platters é tão comovente que faz parecer que a letra tem um grande significado. "My Prayer", como diz a letra, é um arroubo em azul. Na maior parte das vezes, uma prece seria para que alguém fique bem ou por algum dos motivos pelos quais as pessoas rezam — talvez um ente querido esteja se recuperando, uma situação familiar precise ser resolvida. Existem 1001 coisas pelas quais se rezar, mas um "arroubo em azul e o mundo distante, seus lábios

A FILOSOFIA *da* MÚSICA MODERNA

próximos aos meus", de fato, no mundo real, não soa como uma oração. Garth Brooks tem uma canção chamada "Unanswered Prayers" que parece ter mais a ver com uma prece do que essa canção.

Bon Jovi tinha uma canção chamada "Livin' on a Prayer". Também tem "I Say A Little Prayer", cantada pela Dionne Warwick, mas essas são apenas canções pop. A maior de todas as canções de prece é "O Pai Nosso". Nenhuma dessas chega nem perto.

O cara do The Platters, Tony Williams, é um dos maiores cantores de todos os tempos. Todo mundo sempre fala sobre como Sam Cooke saiu do gospel para entrar no meio pop. Mas ninguém supera esse sujeito: ele levou sua espiritualidade para o mundo pop. Você não conseguiria imaginar esse sujeito sendo baleado, pelado em um quarto de motel, como se deu com Cooke.

Os Platters não precisam de blues sujo, cheio de bemóis e piadas de duplo sentido; eles portam sua alma com uma postura de "eu sou o maioral" relaxada, improvisada e cordial, exalando um ar de contemporaneidade, assim como James Dean exalava a fumaça de um cigarro, e eles transmitiam tudo isso de uma estação perdida entre as estrelas, onde sempre é hora do crepúsculo.

★ ★

Aqui temos algumas outras canções pop baseadas em melodias clássicas:

"All by Myself": Segundo Movimento do Concerto para Piano nº 2 em Dó Menor, op. 18, de Sergei Rachmaninoff.

"American Tune": utilizou como base a linha melódica de um coro da Paixão Segundo São Mateus de J. S. Bach, Parte 1, nᵒˢ 21 e 23, e na Parte 2, nº 54. A própria versão do Bach já era uma reelaboração de "Mein G'müt ist mir verwirret", de Hans Leo Hassler.

"Can't Help Falling in Love": "Plaisir d'amour" (1784), uma canção popular romântica de Jean-Paul-Égide Martini.

"A Groovy Kind of Love": Movimento Rondó da Sonatina em Sol Maior, op. 36, nº 5, de Muzio Clementi.

"Never Gonna Fall in Love Again": Terceiro Movimento da Sinfonia nº 2 em Mi Menor, op. 27, de Sergei Rachmaninoff.

"Stranger in Paradise": baseada na "Dança deslizante das donzelas", de Alexander Borodin, parte das Danças Polovtsianas da ópera *Príncipe Igor*.

"Catch a Falling Star": tema da *Abertura do Festival Acadêmico*, de Johannes Brahms.

★ ★

Aqui, algumas canções pop com letras em inglês baseadas em melodias estrangeiras:

"Autumn Leaves": canção francesa, "Les feuilles mortes", com música do compositor franco-húngaro Joseph Kosma e letra do poeta Jacques Prévert. Yves Montand e Irène Joachim lançaram a canção pela primeira vez em *Portas da noite* (1946).

"Beyond the Sea": canção francesa, "La mer", de Charles Trenet. Roland Gerbeau a gravou pela primeira vez em 1945; Trenet a gravou em 1946.

"Cherry Pink and Apple Blossom White": canção francesa, "Cerisiers roses et pommiers blancs", com música de Louiguy e letra de Jacques Larue. A canção foi gravada em primeira mão por André Claveau em 1950.

"Feelings": canção francesa, "Pour toi", com música de Louis "Loulou" Gasté e letra de Albert Simonin e Marie-Hélène Bourquin. Dario Moreno lançou a canção no filme *O traficante sinistro* (1957).

"The Good Life": canção francesa, "La belle vie", com música de Sacha Distel, que aparece no filme *Os sete pecados capitais* (1962).

"I Wish You Love": canção francesa, "Que reste-t-il de nos amours?", com música de Léo Chauliac e Charles Trenet, e letra de Charles Trenet. Trenet gravou a primeira versão da canção em 1943.

"If You Go Away": canção francesa, "Ne me quitte pas", com música e letra de Jacques Brel. A canção foi gravada pela primeira vez por Brel em 1959.

"Let It Be Me": canção francesa, "Je t'appartiens", com música de Gilbert Bécaud e letra de Pierre Delanoë. A canção foi gravada pela primeira vez por Bécaud em 1955.

"My Way": canção francesa, "Comme d'habitude", com música de Claude François e Jacques Revaux, e letra de Claude François e Gilles Thibaut. A canção foi gravada pela primeira vez por François e lançada em 1967.

"What Now, My Love?": canção francesa, "Et maintenant", com música de Gilbert Bécaud e letra de Pierre Delanoë. A canção foi gravada pela primeira vez por Bécaud em 1961.

"Yesterday, When I Was Young": canção francesa, "Hier encore", com música e letra de Charles Aznavour. A canção foi gravada pela primeira vez por Aznavour em 1964.

"Sukiyaki": canção japonesa, "Ue o muite arukō", com música de Hachidai Nakamura e letra de Rokusuke Ei. A canção foi gravada pela primeira vez por Kyu Sakamoto em 1961.

"Answer Me": canção alemã, "Mütterlein", com música e letra de Gerhard Winkler e Fred Rauch. Gravada pela primeira vez por Leila Negra e The Vienna Children's Choir em 1952.

"A Day in the Life of a Fool": canção brasileira, "Manhã de Carnaval", com música de Luiz Bonfá e letra de Antônio Maria. A canção foi gravada pela primeira vez por Bonfá e outros para o filme *Orfeu Negro* (1959).

CAPÍTULO 39

DIRTY LIFE AND TIMES
WARREN ZEVON

Originalmente lançada no álbum *The Wind*
(Artemis, 2003)
Composição de Warren Zevon

A CANÇÃO DO DESGRAÇADO, uma vida contaminada, uma canção que corrompe a si mesma e aos outros — uma confissão no leito de morte. Seus dias de amor livre estão se extinguindo, tenha certeza disso. Você viveu uma vida de excessos, uma vida mansa demais. Uma vida obstinada, livre de restrições; você está arrumando as coisas e fechando as malas.

Você não tolerava que te dissessem o que fazer, mesmo que fosse para o seu próprio bem, não conseguia suportar nenhuma ordem, tinha suas próprias ideias. Sempre gostou de putarias e truques desonestos mais do que de glória e trabalho duro, era cheio de energia e trepava com potência. Você era o sábio, o guru, o xamã que vestia a toga nas orgias regadas a óleo. O desalmado da conversa fiada que pedia tudo o que as pessoas tinham e contava a elas mais histórias que gostariam de saber. Você era tão ruim quanto podia ser, era terrível — o galã das fantasias de qualquer mulher, o touro indomável de qualquer homem, o médico louco que mamava o leite da sabedoria das enfermeiras. Você era o gato macho do pau duro que mija urina de ouro e provoca ondas de excitação nas velhas vidas maçantes; pagava as contas com cheques sem fundo, distribuindo esporros a qualquer um que tentasse ajudá-lo.

Você se cercava de capangas e outros babacas que te ajudavam a ficar longe da cadeia, e era assim que a vida caminhava — e isso é o de menos. Você pulava de galho em galho, tirando vantagem de todos os lados, o flagelo de quem a esposa já desistiu sem que você nem percebesse. Você estava na rua, metendo o louco com uma mulher que era quase nada, em um tapete de pele de tigre, fumando narguilé.

Agora você está procurando a próxima mulher, uma malfeita, alguém com coração de ouro, uma verdadeira maravilha, pomposa e arrogante. Alguém que possa te arrastar ainda mais para as profundezas da sua vida imunda. Uma mulher por quem você possa ter estima e que vai puxar o seu saco; e se você não conseguir pegá-la, vai atrás de alguma parente próxima. Você é grosseirão, cansado da vida e morto de tédio. Sua vida inteira tem sido muito boa, uma orgia atrás da outra, dependendo do quanto você quer voltar no passado.

Agora o seu corpo está envelhecendo — perdendo o fogo e a virilidade — e tem um espaço vazio bem no meio. Agora você está se despedindo da grandeza lentamente, empilhando as cinzas da sua vida em um canto. Apesar de tudo, você ainda tem a audácia e a coragem de encarar seu objetivo final bem nos olhos e manter a bravata. Imperturbável e forte como um touro, você não é amargurado ou melancólico, você está com a cabeça erguida, frio, destemido e cheio de ousadia. Você está reerguendo uma vida que foi baleada, agora é tudo ou nada, sem receio nem temor.

A beleza dessa música é extremamente inspiradora. É a audácia em forma de canção.

ESSA É UMA MÚSICA EXCELENTE, mas não é o Warren que conhecemos de "Werewolves of London" ou coisas como "Poor Poor Pitful Me". Essa é uma voz diferente, mas igualmente autêntica. Ouça as harmonias vocais dessa gravação. Elas soam como se estivessem sendo cantadas na cozinha de alguém. Totalmente sem ensaio e *funky* como nunca. Não é comum ouvir harmonias vocais assim, é uma performance e tanto — e isso se estende a todos que estão tocando. Nenhuma nota fora do lugar, do guitarrista até o baixista. Tudo se resume ao conteúdo da canção — e isso é entregue com a maior precisão.

A fanfarronice, o molejo e a ginga do jovem Warren há muito se foram. Mas, ao contrário da maioria dos casos em que isso é tudo o que o sujeito tem pra dar e quando isso acaba, ele também se acaba, Warren ainda consegue botar seu bloco na rua. Ele te mostra outro lado, tão forte quanto.

O fanfarrão, o libertino, o observador irônico e o tolo inebriado eram todos papéis que Zevon escolheu desempenhar em suas canções — e possivelmente também em alguns momentos de sua vida. Mas, despido de todos os artifícios, como nessa canção, o talento artístico te pega de assalto como aquele brinquedo de cobras de mola saltando de um pote.

Ser um compositor não é algo que você escolhe. É algo que você simplesmente faz e, às vezes, as pessoas param e percebem. Warren era um compositor até o fim.

No entanto, a parte da letra só estava lá a serviço da sua genial habilidade como pianista. As letras e o piano do Warren eram duas faces da mesma moeda.

Nessa canção, é Ry Cooder tocando, e ele é um homem com uma missão. Não tinha mapa quando estava tentando descobrir a conexão entre Blind Lemon Jefferson e Blind Alfred Reed, o lugar onde o conjunto se encontrava com o estilo *gutbucket* blues, no qual até alguém sofrendo de *jake-leg* poderia fazer um *cakewalk*.

Ry viveu e respirou isso, postou-se aos pés dos mestres e levou esse conhecimento de uma região para a outra como se fossem sementes. Ele melhorou cada gravação em que tocou e muitas em que não tocou.

CAPÍTULO 40

DOESN'T HURT ANYMORE
JOHN TRUDELL

Originalmente lançada no álbum *Bone Days*

(Daemon, 2001)

Composição de John Trudell

A CANÇÃO DO SOFREDOR — aquela que penetra até o cerne da questão.

O seu desejo e a sua imaginação estão desgastados; quanto mais a sua linha da vida se alonga, menos garantias você tem de que qualquer um dos dois vai aguentar o tranco. Você questiona tudo a seu respeito, mas não sabe o que está questionando — renuncie e abdique de todos os seus pensamentos, pensamentos que colidem contra uma pesada nuvem de neblina — tão espessa quanto uma parede de tijolos — e se desintegram em 1 milhão de pedaços e depois desaparecem — pensamentos poderosos que explodem como o big bang.

Nessa canção existem 1 milhão de formas de enlouquecer, e você conhece bem todas elas, simplesmente não fala a respeito e, mesmo que falasse, suas palavras seriam difíceis de compreender. Tenta evocar memórias de amizades, mas elas não podem ser encontradas, você as está procurando em quartos nos quais as ambições abandonadas se empilham; quartos vazios, quartos onde as mentes mais brilhantes que você conhece foram recortadas e recompostas. Você não tem uma palavra de cortesia para qualquer um que fale com você, e a sua noção de identidade se foi. Todas as coisas chegaram a uma conclusão repentina, você está abraçando fantasmas, perseguindo sombras — uma vítima de energias devastadoras. Arremessou raios e rochedos contra o Tempo, mas o Tempo persistiu. Seu coração foi maltratado, danificado e está fora de ação, mas não está jorrando sangue, então você não pode nem reconhecer ou aceitar a dor. Deve haver alguém que queira ouvi-lo.

Para onde ir? Como você vai se identificar com um mundo que te pôs de escanteio, um mundo que tirou tudo que você tinha sem pedir permissão, um mundo que está dormindo, enfiado na cama num sono profundo, tirando uma *siesta* infinita. Você irá adentrar a terra mística do renascimento, encarar o espelho do céu noturno e falar com seus ancestrais. Eles estão bem acordados.

VOCÊ PODE IR RIO ACIMA OU RIO ABAIXO. Você

precisa de um ponto de referência na costa — uma árvore ou uma pedra — para saber se você está se movendo de fato. Piratas navegam no mar aberto e se sentem como se estivessem parados. Todos julgam a história a partir do lugar onde se encontram. Só conhecem essa maneira de dar sentido aos fatos. Senão, tudo seria intenso demais. É por isso que as pessoas constantemente estabelecem conexões com aquilo que veio antes. Dizem que aqueles que não conhecem o passado estão fadados a repeti-lo, mas aqueles que obsessivamente escrevem notas de rodapé em suas histórias também estão fadados a repeti-las infinitamente.

Existe uma diferença entre imitação e influência. E também existe algo totalmente diferente — como John Trudell.

A história dele é bem violenta. John era um indígena Santee Dakota nascido em Nebraska, no início dos anos 1940. O território indígena de Santee Dakota se estendia das planícies de Minnesota até Montana. Por fim, o governo reuniu todos em uma minúscula faixa de terra em algum lugar no Nebraska, onde John cresceu. Ele viveu em uma reserva e frequentou a escola do governo local; depois foi para a Marinha. Quando ele saiu e viu que todos os acordos entres brancos e indígenas tinham sido violados, teve o conhecimento, a sensibilidade e a moralidade para realmente fazer alguma coisa a respeito.

Ele estudou radialismo e desde o começo conseguiu usar isso em suas performances de declamação. Ele estava no comando do grupo Indígenas Unidos de Todas as Tribos que tomaram Alcatraz, montando uma estação radiofônica lá em 1969, que invadiu as ondas de rádio através da KPFA.

Em meio a isso tudo, ele se casou, teve três filhas, e sua esposa ficara grávida novamente. Ao mesmo tempo, foi se estabelecendo cada vez mais como um ativista das questões indígenas. Isso tudo aconteceu durante a Guerra do Vietnã e os protestos do movimento de direitos civis, então muitos dissidentes nativo-americanos permaneceram na surdina.

O tratamento dispensado aos indígenas era um assunto havia muito esquecido nos Estados Unidos, especialmente na mídia. Com a agitação e a raiva dos negros

A FILOSOFIA *da* MÚSICA MODERNA

nas ruas, a condição dos indígenas norte-americanos era muitas vezes esquecida — a mais horrenda das injustiças. Existe um lugar em Mankato, em Minnesota, comemorado com uma placa na praça, onde quarenta indígenas Santee Dakota foram enforcados na década de 1870.

Em algum momento no final dos anos 1970, John comandou um protesto de vários grupos indígenas em Washington, nas escadarias do Capitólio. Depois desse dia, o trailer onde ele vivia em Nevada, na Reserva de Duck Valley, foi atacado por bombas e acabou incendiado, a porta havia sido trancada do lado de fora com um cadeado. A esposa grávida de John, as três filhas e a sogra foram queimadas vivas. Os incendiários jamais foram detidos. Isso dá uma ideia do que estava no fundo do coração e da alma de muitas das canções que John escreveu.

O negócio é que a vida continua mesmo depois das manchetes de jornais. John viveu para ver o novo século e continuou escrevendo poemas. Ele declama poemas sobre a música — música, que é sempre uma banda real tocando instrumentos reais. Independentemente do disco que ele esteja fazendo, sua banda consegue fazer de tudo, de rock 'n' roll até as melodias melódicas por trás dele — tudo a serviço do tom de voz e poemas de John Trudell. Há um espírito antigo que surge através dele e qualquer pessoa consegue entendê-lo. Suas palavras carregam, em sua simplicidade, a confiança da sabedoria antiga.

Ele não é um *rapper*. Ele está mais para um antigo poeta grego; você sabe exatamente do que ele está falando e para quem. John enfrentou o mesmo governo que Sitting Bull — um governo que queria matá-lo, seja com armas ou com doença; simplesmente livrar-se dele e pegar sua terra. Ele aguentou tudo sozinho e agora que se foi, está ainda mais só, nunca foi um sucesso comercial.

John não era convencional. Ele não falava sobre assuntos populares, como vender drogas, cafetinagem e materialismo, glorificando esses temas. A música de John pode elevar as pessoas, e normalmente é isso que ela faz. Talvez não exista um lugar para isso. John Trudell não era o tipo de indígena que veste um cocar e é a atração principal do *Buffalo Bill's Wild West Show*.* Ele não era um índio de

---

* O *Buffalo Bill's Wild West Show*, e outros grupos de *vaudeville* da época, era um show itinerante com apresentações teatrais que mostravam o Velho Oeste com performances que romantizavam indígenas, cowboys e bandoleiros.

tabacaria, ele não se identificaria com "Kaw-Liga".* As pessoas que falam sem parar sobre direitos civis, direitos das mulheres, dos gays, dos animais, que falam e falam, precisam parar e dar uma olhada no que a América fez com as pessoas que estavam aqui desde o início.

Pare por um momento — leia um pouco sobre John Trudell além do que foi oferecido aqui. Ele merece. E depois que você fizer isso, procure suas músicas. Um bom começo seria o álbum *AKA Grafitti Man*, cheio de performances simples e diretas nas quais John é acompanhado pelo seu irmão de alma de Oklahoma, Jesse Ed Davis.

Conforme você vai se aprofundando no trabalho dele, não tem como errar com o álbum *Bone Days* e com a canção "Doesn't Hurt Anymore". O espaço entre ela e "I Don't Hurt Anymore", de Hank Snow, é profundo. Uma delas é o tipo de declaração que grita sobre lágrimas que secam; a outra é pra despedaçar seu coração.

Na verdade, a única coisa que nos une é o sofrimento, o sofrimento apenas. Todos conhecemos a perda, sejam ricos ou pobres. Nem tudo se resume a riqueza ou a privilégio — tudo se resume a coração e alma, e algumas pessoas não sabem o que é isso. Elas não têm um ponto de referência na margem do rio, que mostra a velocidade e a direção de suas viagens. E a parte mais triste é que elas jamais conseguirão ouvir John Trudell.

---

* Na Europa, era comum ver esculturas em madeira representando indígenas norte-americanos em tabacarias. *Kaw-Liga*, a canção de Hank Willians que Dylan menciona a seguir, narra a história de amor entre duas esculturas: de uma mulher e de um homem indígenas numa loja de antiguidades.

CAPÍTULO 41

KEY TO THE HIGHWAY
LITTLE WALTER

Originalmente lançada como *single*
(Checker, 1958)
Composição de Big Bill Broonzy e Charles Segar

É IRÔNICO, UM MONTE DE DIGNITÁRIOS te entregando a chave da cidade. Isso indica que tudo na cidade está aberto e pode ser inspecionado por você a qualquer momento. Eu já recebi muitas chaves de cidades diferentes, mas nunca tentei, de fato, inspecionar nada. Sete chaves de sete casas em sete cidades supostamente curam impotência. Uma chave nova é melhor que uma chave velha. Você pode atingir um lobisomem na testa com uma chave, e ele voltará à forma humana. Quando você é demitido de um emprego, precisa devolver as suas chaves. Algumas pessoas dizem que, se você tirar o último prego de qualquer caixão, ele funcionará como chave para destrancar o que você quiser destrancar.

Little Walter é um excelente guitarrista e, na opinião de muitas pessoas, o melhor cantor de todos da Chess Records. Ele é um cantor incrivelmente flexível, totalmente convincente em faixas de pop-blues com temática adolescente como "Too Late", "One More Chance with You" e "I Got to Find My Baby" (com o verso imortal *I'm gonna walk the floor baby till my moustache drag the ground*"). Mas ele também nos brinda com um dos vocais mais profundos de todo o catálogo da Chess na canção "Last Night". Sem adornos, sem histrionismo — controlado,

com nuances e verdadeiro; uma combinação perfeitamente uniforme entre gaita e voz. Little Walter sempre canta sem esforço, sempre mantém a calma e deixa tudo arredondado. Suas músicas são refinadas e reconfortantes.

Ele também é conhecido como o precursor da gaita no blues elétrico, seu artesão-mor e seu principal motor. Mas essa gravação deixa claro que ele é tudo isso e muito mais.

Little Walter podia pegar as ideias de outras pessoas e torná-las suas. "My Babe" é um bom exemplo disso. "My Babe" existe há décadas como uma canção gospel chamada "This Train"; Walter mudou a letra e criou uma performance clássica.

"Key to the Highway" é uma nova versão da antiga canção de Big Bill Broonzy. Mas a canção de Bill é um rascunho do que Walter fez com ela. A "chave para a estrada" é a chave para o cosmos, e a canção se move pra dentro e pra fora desse

reino. Essa é a chave que consegue te tirar da cidade. A cidade fica cada vez menor no retrovisor, na sua memória de uma cidade para onde você ficará feliz de não voltar nunca mais. Quando Walter canta *"I'm going back to the border where I'm better known"*, ele realmente está falando sério. Ele já está cansado da Michigan Avenue e da Lakeshore Drive e da Torre Sears.

Little Walter não se autointitulava Homem da Porta dos Fundos e não curtia garotas de dezenove anos.* Entre todos os artistas da Chess, ele talvez seja o único com substância. Ele conseguia fazer qualquer pessoa soar bem. Chegar à velhice não era seu destino.

---

* O autor está fazendo referência a duas canções icônicas do blues de Chicago: "Back Door Man", de Willie Dixon, e "She's 19", composta e gravada por Muddy Waters.

CAPÍTULO 42

EVERYBODY CRYIN' MERCY MOSE ALLISON

Originalmente lançada no álbum *I've Been Doin' Some Thinkin'*
(Atlantic, 1968)
Composição de Mose Allison

NESSA CANÇÃO VOCÊ ESTÁ ENCURRALADO,

andando em círculos, dando voltas completas no mesmo lugar — a cabeça vazia, seguindo sem saber pra onde, tropeçando no escuro. Você está cheio até a tampa, batendo e estapeando as coisas, conformado, seguindo reto toda vida, e todo mundo está dando tapinhas na sua bunda.

Você está numa montanha-russa de dar frio na espinha nesse parque de diversões. Pegando carona na roda-gigante, atirando nos patinhos e ganhando bonequinhas de plástico, enquanto toda a humanidade grita por misericórdia — todas as raças, credos e cores, ricos e pobres de toda parte, de todos os cantos, de todos os lugares.

Engraçado, você está distante de tudo isso, zombando de tudo que vê, sem se fiar em nada do que ouve. Está sendo diplomático, não pede favores, aceita o que as pessoas dizem de boa-fé e deseja ser tratado da mesma forma. Mesmo se você cometer erros, não vai ser como um desses trastes miseráveis com os joelhos na poeira implorando por misericórdia. Você não é um bebê chorão. De qualquer forma, você não faz ideia de qual seria a definição apropriada dessa palavra. O que for acontecer, vai acontecer, então vamos nessa.

A FILOSOFIA da MÚSICA MODERNA

Essa canção é sobre hipocrisia. Bater e correr, massacrar e exterminar, receber o grande prêmio e terminar à frente. Depois, ser generoso, apertar as mãos, pedir desculpas, beijar e fazer as pazes. Ela fala sobre a correria.

Você é cheio de princípios elevados, um cavalheiro, o Sr. Respeitável, o Sr. Don Juan, mas não precisa fingir para mim. Você é o farsista, o ator, a fraude duas--caras, o dedo-duro, o caluniador, o traíra, o rato, o traficante de pessoas, o ladrão de carros. Pode escolher, seja seletivo e honesto na sua escolha. Você é linha-dura para defender o jogo limpo e o trato justo, desde que seus planos estejam contemplados e o que é seu esteja garantido. Denúncias falsas, caos e escarcéu, você está sempre envolvido nisso tudo.

Por mais estranho que pareça, você acha a falta de justiça intolerável e a falta de misericórdia pior ainda. Isso te faz perder as estribeiras, e você se pergunta se esse tipo de coisa realmente é possível neste mundo. Até a justiça consumada, temperada com o leite da bondade humana, com a divina luz da misericórdia — o tipo de misericórdia que sinaliza um novo começo —, você gosta de elogiá-las, botá-las em um pedestal, quase adorá-las, mas não há lugar para elas em sua vida quando você está trabalhando. Qualquer que seja o seu golpe, o seu serviço de merda, qualquer que seja sua tarefa rotineira, você nunca se deu tão bem, então vamos deixar a justiça e a misericórdia para os deuses lá no paraíso. Melhor ir ao cinema local, ser um espectador na plateia, sentar-se na ópera — algum filme engraçado, algum espetáculo idiota ou, ainda melhor, ficar observando a rachadura aumentar na parede. Pensar na bondade e na benevolência, dar uma segunda chance para as pessoas.

Essa canção diz para sermos justos e honrados dentro do limite de nossas habilidades naturais.

Sem gestos vazios, sem esperar que as pessoas peguem leve com a gente; não vamos esperar ser perdoados ou absolvidos. A misericórdia pode ser uma armadilha para os tolos.

UMA PROFUNDA E SÉRIA ANÁLISE sobre a hipocrisia no mundo real feita pelo grande cavalheiro sulista e gigante do blues/jazz Mose Allison. É como olhar por um buraco em uma cerca e ver o mundo como ele é. "Have Mercy Baby", "Mercy Mercy Me" e "Sisters of Mercy". A palavra *mercy* [misericórdia] tem a mesma raiz latina de *mercantile* ou *merchant* [mercador]. É difícil ver a conexão, mas Mose consegue vê-la. É por isso que ele introduz sorrateiramente o verso *"as long as it's business first"*. Tenha misericórdia, você diz ao juiz. Tempere com misericórdia. Aplauda e receba a sua lembrancinha. A vida é um espetáculo à parte.

Mose canta essa canção no seu estilo habitual. Relaxado, sonolento. Como se não quisesse gastar nenhuma energia. Está quente e úmido demais. É cantada desse jeito preguiçoso, disfarçando sua intenção séria. "Misericórdia" é uma palavra que quase foi dispensada do discurso comum. Sujeitos durões não demonstram misericórdia. Uma canção que vai além da crítica social, ela é uma faceta da natureza humana que nós realmente não queremos encarar. Bem, você não precisa ir a teatros menores que os da Broadway para ver algo totalmente absurdo: basta abrir os olhos e caminhar pela rua. Sim, de fato. Muitos acordes de jazz nessa canção — terças e quintas aumentadas, muitos acordes de transição que Mose nunca dispensa. Ouça a forma como Mose canta as vogais, e você verá como essas coisas estão conectadas.

Essa canção poderia facilmente ser o esqueleto do monstro que é "Ball of Confusion". Cada uma dessas canções oferece uma visão amarga da condição atual do mundo — tanto no tempo em que as canções foram escritas como nos dias atuais, infelizmente. Mas enquanto os Tempts cantaram um emaranhado frenético de palavras explodindo no meio da batalha, Mose é um observador perplexo e distante, que escolhe com extremo cuidado as poucas palavras, resignado com nossas fraquezas estúpidas, mas nem um pouco disposto a deixá-las passarem despercebidas.

CAPÍTULO 43

WAR
EDWIN STARR

Originalmente lançada no álbum *War & Peace*
(Gordy, 1970)
Composição de Norman Whitfield e Barrett Strong

É INTERESSANTE DESTACAR que essa canção originalmente era uma faixa do LP *Psychedelic Shack*, do The Temptations, de março de 1970. Havia pedidos para que a canção fosse lançada como *single*, mas os sagazes homens do marketing da Motown temiam ofender a *fan base* dos Tempts que ainda não tinha embarcado na transição para o soul psicodélico de conotações políticas do produtor Norman Whitfield. Naquele momento, o tipo de som da Motown havia definitivamente cruzado as fronteiras e atingido o público branco, mas ainda havia um grande público negro de classe média, surpreendentemente conservador. Dois anos antes, os dois públicos foram contemplados com o álbum *Live at the Copa*, do The Temptations, que incluía versões de clássicos como "Hello Young Lovers", "The Impossible Dream" e "Swanee", uma composição de Irving Caesar e George Gershwin, ao lado de um punhado de seus sucessos próprios.

Edwin Starr era um ambicioso artista do segundo escalão do selo. Ele só tinha tido um sucesso desde que fora contratado e ainda estava tentando deixar a sua marca. Ele estava na invejável posição de não ter uma *fan base* para aliená-lo e assim podia fazer o que bem entendesse. Ele foi até Whitfield e sugeriu regravar "War" — boa jogada. A versão de Starr era muito mais agressiva que a dos Temptations, e

A FILOSOFIA *da* MÚSICA MODERNA

cheia dos floreios da produção de Whitfield. O *single* foi lançado três meses depois do LP *Psychedelic Shack* e chegou ao topo da parada Billboard Hot 100. Ela definiu a carreira de Starr, ajudou a modernizar a voz da Motown e vendeu mais de 3 milhões de cópias, contribuindo para desmentir a letra da canção.

É para se pensar se o sentimento pacifista por trás da canção era sincero ou se era apenas um assunto relevante a ser explorado em uma tentativa de atingir os bolsos da juventude norte-americana entre "Agent Double-O-Soul" e "Mercy Mercy Me (The Ecology)". Mesmo que fosse uma exploração descarada do movimento pela paz, ainda é uma canção mais forte que "Eve of Destruction".

A guerra precisa de uma mensagem clara, uma imagem contundente que caiba em um cartaz de recrutamento, um slogan, um hino empolgante que possa ser cantado em uma cadência de marcha. A Guerra do Vietnã, por outro lado, era uma guerra pequena movida por arrogância e que despertava dúvidas aos olhos da sociedade, que não sabia a razão pela qual os cidadãos do país estavam lutando.

Historicamente, grandes nações não travam guerras pequenas. Na Grécia do século VII, quando existiam mais de 1500 cidades-estados independentes, as regras de combate já eram definidas hierarquicamente. Naquele tempo, não se via uma cidade grande atacar um povoado pequeno em algum lugar. O combate raramente é o primeiro recurso de uma nação poderosa.

Como diz a letra da canção, guerra, para que ela serve? Talvez essa seja a pergunta errada. Talvez uma pergunta melhor seja aquela que Country Joe McDonald fez para a letra de "Muskrat Ramble", de Louis Armstrong, uma pergunta que todos estavam se fazendo a respeito do Vietnã: "Pelo que estamos lutando?". A guerra é uma arma poderosa, às vezes é a única alternativa para duas partes que esgotaram todas as outras opções. Quando as negociações e a diplomacia fracassam, ela passa a ser a única solução.

Guerras ergueram povos, libertaram outros da opressão e da escravidão. Guerras reabriram rotas comerciais e canais de comunicação. E assim como a história é escrita pelos vencedores, a guerra também o é. O país vencedor dirá o que eles ganharam. Você precisa olhar para os derrotados para ver as atrocidades — ou escutar as vozes dissonantes.

No início dos anos 1930, Smedley D. Butler, condecorado com duas medalhas de honra, se aposentou do Corpo dos Fuzileiros Navais no qual serviu como major-general. Ele viajou pelo país fazendo discursos, que foram publicados, primeiramente, na *Reader's Digest* e, depois, ganhou a forma de livro. O discurso intitulado "A guerra é uma fraude" apresentava a imagem de especuladores que despejavam gasolina nas chamas da batalha para aumentar suas rendas. Ele confessou suas ações em múltiplas frentes de batalha que feriram muitas pessoas para garantir o lucro de poucos.

É claro que lucro é a resposta para a pergunta proposta pela canção. O que parece apropriado, já que a canção foi uma coautoria de Whitfield e o homem que deu à Motown seu primeiro sucesso, o frequentemente regravado hino da cobiça "Money". "War" obviamente encheu os cofres da Hitsville USA, mas, no fim das contas, a guerra é boa para os negócios. Como disse o organizador e presidente da Brotherhood of Sleeping Car Porters, Asa Philip Randolph, em 1925, enquanto Smedley Butler ainda servia nas Forças Armadas: "Torne as guerras não lucrativas e você as tornará impossíveis". Mas a guerra não se resume a dinheiro, também diz respeito a direitos. Direitos de propriedade, para ser mais específico: quem é dono da terra e do petróleo sob ela?

No entanto, por mais que as guerras atraiam corsários, vadios, vigaristas, patifes internacionais, mercenários e aproveitadores, a lascívia do dinheiro não é a única via que leva à guerra. Também temos a presunção e o orgulho. Guerras já foram iniciadas por medo xenofóbico gerado por incursões reais ou imaginárias. Houve guerras religiosas, como as Cruzadas, e guerras que serviram como instrumento para consolidar impérios rebeldes em expansão, como a Guerra do Peloponeso. As pessoas travaram guerras para expandir suas fronteiras ou para defendê-las. Elas lutaram por vingança e para expandir os domínios de sua bandeira. Em 1838, México e França se enfrentaram quando o rei Luís Filipe descobriu que um chefe de confeitaria expatriado chamado Remontel não tinha sido indenizado após seu café mexicano ser pilhado por saqueadores.

Pode-se argumentar que existem razões melhores para deflagrar uma guerra do que um calote em um confeiteiro, mas a guerra sempre apresentou uma lufada

A FILOSOFIA *da* MÚSICA MODERNA

de machismo fútil. Hoje em dia não é o incidente deflagrador, mas a própria natureza da guerra que mudou. Houve um tempo no qual os líderes de exércitos em combate poderiam ser encontrados nos campos de batalha. Eles encaravam seus inimigos e testavam a coragem de seus oponentes contra a convicção de suas próprias crenças. O aço dos nervos e das lâminas determinava o vencedor.

Uma das marcas da civilização é a capacidade de aumentar a distância entre o assassino e a pessoa que ele está matando — a lâmina deu lugar às armas de fogo, que deram lugar à bomba, que deu lugar a inúmeras máquinas de matar à distância. Quanto mais poderosa, mais longe da ação essa pessoa estará. Os mais poderosos estavam a meio mundo de distância, confortáveis em seus roupões, enquanto soldados anônimos matavam por eles. A negação plausível ajudou esses promotores de guerras a dormir à noite com a arrogância nascida da distância e do desconhecimento de detalhes específicos; assim eles acreditavam que mantinham suas mãos limpas.

O documentário *Sob a névoa da guerra* mostra uma sequência em que o ex-secretário de defesa Robert McNamara discute o papel que ele e o general Curtis LeMay desempenharam no bombardeio incendiário de 67 cidades japonesas durante a Segunda Guerra, antes do bombardeio de Hiroshima e Nagasaki. Em uma única noite, 100 mil homens, mulheres e crianças foram incinerados até a morte em Tóquio, seguindo a recomendação de McNamara. Isso forçou LeMay a admitir que "Se nós tivéssemos perdido, teríamos sido julgados como criminosos de guerra". Pelo resto de sua vida, McNamara se debateu com a pergunta: "O que torna algo imoral se você perde, mas não se você ganha?".

A resposta simples soa eloquente: a história é escrita pelos vencedores. O problema maior, porém, é que na guerra moderna batalhas invencíveis estão sendo travadas em múltiplos fronts sem nenhum propósito claro — uma mescla de ideologia, economia, disseminação de medo e demonstração de força. Setores inteiros do globo terrestre podem parecer calmos durante longos períodos de tempo para depois irromper subitamente em explosões turbulentas, como uma espécie de herpes geopolítica.

No terceiro ato de *O mercador de Veneza*, Lancelot, o bobo da corte, diz a Jessica que "os pecados do pai devem recair sobre os filhos". Muitas pessoas tentam usar o mesmo argumento a respeito da única dinastia presidencial que tivemos até agora e as duas guerras do Golfo, que causaram ondas de longo alcance nas águas da história.

O Pai, testemunhando o possível fim da Guerra Fria, mas enfrentando uma instabilidade ainda maior no Oriente Médio e conflitos ainda mais perto de casa no Panamá, precisava de uma mão de ferro para controlar o tabuleiro de xadrez tridimensional que o mundo havia se tornado. Ele foi rápido e cirúrgico ao responder à invasão agressiva de Saddam Hussein no Kuwait. Houve baixas, é claro, mas muito abaixo do previsto, e quando a batalha terminou, o índice de aprovação do Pai era de 89%, o mais alto na história das pesquisas da Gallup. E, talvez ainda mais importante, a ONU impôs sanções contra o Iraque e criou uma comissão para garantir que seu programa de armas de destruição em massa não fosse restabelecido.

Tudo isso, e não os pecados, foi o que o Filho herdou. Mas o Filho não era homem como seu Pai, e no momento de paranoia pós-11 de setembro e de tentativas fracassadas de romper o "Eixo do Mal", o Filho voltou suas atenções para o Iraque. Seu olhar não era tão perspicaz e sua mão não era tão firme como a de seu Pai. Surgiram alegações sobre armas de destruição em massa que jamais foram encontradas, batalhas foram travadas em muitas frentes. Vidas foram perdidas durante uma invasão que não foi incitada.

Se Robert McNamara e Curtis LeMay estivessem vivos, saberiam que nome dar aos homens que mandaram aqueles soldados para a guerra. Mas a culpa não termina aí.

Como povo, tendemos a nos orgulhar muito de nós mesmos por conta da democracia. Entramos nas cabines, votamos e exibimos adesivos com a frase "Eu votei", como se eles fossem distintivos de honra, mas a verdade é mais complexa. Somos tão responsáveis ao sair da cabine de votação quanto ao entrar nela. Se as pessoas que elegemos estão mandando pessoas para a morte, ou pior, mandando pessoas que estão a meio mundo de distância para a morte — em lugares que nem levamos em consideração, pois as pessoas que vivem lá não se parecem e nem soam como nós — e não fazemos nada para impedir isso, será que não somos tão culpados quanto eles?

E se quisermos ver um criminoso de guerra, basta olhar no espelho.

CAPÍTULO 44

BIG RIVER
JOHNNY CASH AND
THE TENNESSEE TWO

Originalmente lançada como *single*

(Sun, 1957)

Composição de J. R. Cash

PESSOAS BEM-INTENCIONADAS PODEM te sufocar com elogios. Johnny Cash adora ser o Homem de Preto e se veste de acordo, mas a verdade é que ele é um artista e um homem muito mais completo. Suas melhores músicas são divertidas e cheias de humor e trocadilhos, muito distantes da imponente solenidade das baladas de assassinato, dos contos de calvários e covers de Trent Reznor que seus fãs esperavam. Canções como "One Piece at a Time", "Get Rhythm" e "A Boy Named Sue", do compositor de sucessos de paradas musicais Shel Silverstein.

Johnny Cash tirou essa canção de "The Biggest Thing that Man Has Ever Done", de Woody Guthrie. Versos como "*I built the Rock of Ages, 'twas in the Year of One*"; "*I'm the man that signed the contract to raise the rising sun*"; "*I was straw boss on the Pyramids, the Tower of Babel, too*", foi daí que ele partiu: "*I taught the weeping willow how to cry, and I showed the clouds how to cover up a clear blue sky*".

O elemento central dessa canção é a batida de *chain-gang** do violão acústico,

---

* *Chain-gang* era o nome dado a grupos de prisioneiros acorrentados que realizavam trabalhos físicos

o instrumento que marca o ritmo. Não se pode gravar essa canção corretamente se esse aspecto for deixado de lado. Essa gravação talvez seja a maior coisa que Johnny já fez. Ela é construída em torno do estilo *chamada e resposta* tocado por um violão acústico. Os violões vão acompanhando a batida, uma frase que age como sombra, outra como eco, como a batida de uma *chain-gang*. Como alguém cortando um pedaço de madeira.

Se você ouvir o disco *Johnny Cash's Essential Sun Collection*, poderá ouvir algumas versões que foram feitas antes de chegarem à versão final. Algumas letras são diferentes e ainda estavam sem a parte de chamada e resposta completa. É um excelente exemplo de como as canções evoluem no estúdio.

Johnny Cash é um cantor gospel, ou pelo menos é assim que ele se vê. Em um dado momento, ele se transforma em uma mistura de Gargantua, Finn MacCool e Jigger Jones. Ele podia saltar rios. Ele podia assentar trilhos de trem e derrubar jovens veados. Ele é um contador de histórias de pescador — abre as nuvens e bebe nitro. Esse é o verdadeiro Johnny Cash e "Big River", sua música-tema.

---

pesados, como construir estradas. O ritmo do trabalho era ditado pelas batidas de ferramentas, que marcavam o tempo das canções cantadas pelos prisioneiros.

CAPÍTULO 45

FEEL SO GOOD
SONNY BURGESS

Gravada por Sun Records(1957/1958), não lançada
Composição de Herman Parker Jr.

NESSA CANÇÃO VOCÊ SE SENTE MUITO BEM

e ninguém precisa convencê-lo disso. Nunca se sentiu melhor, e você tem a sensação de que se sentirá assim pelo resto da vida.

Você segue firme com nervos de aço, tranquilo, carregado pelo vento, vai dançar até o sol raiar. Como um dia de chuva, um aguaceiro, pingando e encharcado com as roupas todas ensopadas. Todos os malandros e os malucos, todo o corpo político, todos os terráqueos, cada listra e cada cor — você está arrancando as tripas deles e servindo-as para o jantar — você está intensamente vivo, caminhando pela cozinha, dançando miudinho, dançando até o ponto de ninguém conseguir mais te ver, como a Zephyr Queen, como o Panama Flyer, no embalo certo, fazendo a terra tremer — arrombando e entrando sem se preocupar com os seus sonhos.

Você é o bicho-papão, a ameaça que veio do espaço, ensanguentado, preciso e afiado como o bisturi de um cirurgião — majestoso, profundo como a alma aos olhos do mundo. Você está voando baixo e está com as luzes de pouso desligadas. Você vai requebrar até voltar para o lugar onde tudo começou, o início da criação, decifrar as leis do universo — sacolejando os ossos e queimando combustível, agitado, eletrificado, sem deixar pedra sobre pedra. Você é o galã na história errada,

Essa canção deixa a vida menos doída; tudo o que você vê e quer, estão te entregando. Você está livre e desimpedido, está se jogando de cabeça.

a ovelha negra, o perfeito cavalheiro de fraque e tem uma garota que está nas alturas, comprida e selvagem, uma beleza de duas-caras, uma vedete interesseira, que usa um vestido de festa de saia rodada. Isca de lobo cheia de mescalina, uma traiçoeira menininha de família — e ela está bufando no seu cangote.

Você comanda tudo nos quartos, escancarando as cortinas do que está escondido lá dentro — seguindo o fluxo da natureza e tocando acordes apressadamente. Dançando com pulos de jogo de amarelinha, dançando rumba, dançando sapateado — atacando o mistério do sol, todo mundo dançando. Mães e pais, os antigos, de tempos passados. Schulberg, Gauguin, Picasso e Little Miss Muffet, todos eles dançam, mas ninguém requebra como você e ela. Você está tamborilando o ritmo, deixando o melhor para o final, vendo com seu terceiro olho, você e sua *femme fatale* lança-chamas. Tocando e suando no Baile das Modelos, na parte da troca de esposas. Você vai dançar até o limite, claro como o dia e com um propósito óbvio, intenso e agarrando a vida por um fio, afiado como um estilete. Denver à noite, Las Vegas, Honolulu também, todas em uma linha reta. Beleza física e uma atração intelectual — é isso, e está tudo às claras.

Essa canção é ambiciosa desde o início, destemida e louca. Ela deixa a vida menos doída; tudo o que você vê e quer, estão te entregando. Você está livre e desimpedido, está se jogando de cabeça. Caça a fera, simples assim. Essa canção sempre é a mais moderna e a mais atual, não quer nada além do que ela já tem. Não falta nada do que importa. Você vai dançar até todos estarem mortos. Isso é o melhor do rock 'n' roll no seu auge, na sua forma pura. Se estivesse nos corredores do Rock and Roll Hall of Fame, ela reinaria suprema e imbatível.

SE VOCÊ QUER OUVIR UMA CANÇÃO POLÍTICA,

ouça essa. Ponha para repetir, várias e várias vezes, dia e noite, e se você estiver se perguntando o que aconteceu com o grande país tardio no qual você cresceu ou como tornar os Estados Unidos maravilhoso novamente, talvez essa música possa te dar uma ideia. Faça o que fizer, mantenha as janelas fechadas e não fale para ninguém que você a está tocando, especialmente para os amigos, a não ser que você queira que eles te julguem.

Essa é uma canção de extremos, mais preta que o preto, mais branca que o branco. Nos anos 1950 não havia nome para esse tipo de coisa, então ninguém sabia como vender isso até que Alan Freed, um DJ de Cleveland, surrupiou o termo "rock 'n' roll" de diversas canções antigas indecorosas; no balanço preto e branco do country e do rhythm and blues, ambos os estilos usavam o termo como um eufemismo sutilmente velado para copulação. Como se sabe, com um nome desses, ficou bem mais fácil vender a música.

É claro, isso tudo foi antes de a América ser drogada até o torpor quase disfuncional. As sementes do abuso já haviam sido plantadas quando as drogas milagrosas saíram dos laboratórios para as ruas. Os caminhoneiros descobriram a benzedrina e o rebite, permitindo entregar cargas e cargas de produtos perecíveis de um lado ao outro do país sem dormir, alimentando a América enquanto embolsavam um dinheiro extra. Enquanto isso, donas de casa aliviavam a tensão com os efeitos soporíficos de Librium e Miltown, que seriam imortalizados na canção "Mother's Little Helper", de Jagger e Richards.

O uso de drogas foi do casual ao indiscriminado e, rapidamente, até as drogas legais não conseguiam suprir a demanda — e havia muita gente disposta a supri-la. Se você está pensando como uma nação pode ruir, olhe para os traficantes. Traficantes em cada cidade, andando com um alvo nas costas, desafiando qualquer um a atirar neles.

Ninguém quer ver a própria cidade nesse tipo de foto, mas é sempre difícil se reconhecer nos retratos dos outros. Antigamente, a noção de identidade dos seres

humanos vinha de um reflexo nas águas de um riacho; depois, o reflexo nos espelhos. A visão final que temos em uma foto, depois Skype, Zoom e Facetime — nos quais é possível nos ver como outras pessoas nos veem, sem que a imagem esteja invertida como no espelho, no riacho ou no vidro da janela quando atravessamos a rua — parece errada de alguma forma, possivelmente dando abertura para imagens *deepfake* e outras irrealidades.

Provavelmente jamais saberemos se Sonny Burgess criou essa canção sozinho ou se o sagaz Sam Philips reciclou alguma gravação de Little Junior Parker na Sun Records, assim como fez com "Mystery Train" para Elvis Presley. Suas gravações só poderiam ser feitas com uma banda suada e parruda que tocasse noite após noite atrás de galinheiros em um monte de bares pés-sujos mal frequentados de beira de estrada.

Esse é o som que tornou os Estados Unidos grande.

CAPÍTULO 46

BLUE MOON
DEAN MARTIN

Originalmente lançada no álbum *Dream with Dean*

(Reprise, 1964)

Música de Richard Rodgers

Letra de Lorenz Hart

ESSE É O DINO QUE ELVIS IMITOU. O bêbado preguiçoso que não presta pra nada. "Blue Moon" — o pai do doo-wop, apesar de não conter sequer uma gota de doo-wop. Qualquer um pode tocá-la e cantá-la. É uma canção com a qual você começa se for tocar música popular. É difícil fazer qualquer coisa diferente com ela, apesar de muitos já terem tentado. Algumas versões desafiam a crença. Eu acho que tanto Elvis como Phil Spector tentaram. Elvis nunca a tocou ao vivo. É uma daquelas canções que gera uma boa gravação, mas é difícil demais fazer ela soar verossímil ao vivo.

Sua atração está em seu mistério. Uma melodia saída diretamente de Debussy. Do nada, uma forma surge perante os seus olhos e você escuta uma voz sussurrar: "*Please adore me*". E depois você se vira e a lua mudou de cor, está dourada. Quando foi a última vez que você viu uma lua dourada? A canção não faz nenhum sentido, sua beleza está na melodia.

Essa é mais uma canção onde um objeto inanimado ganha vida própria. Uma variação da frase "*once in a blue moon*". Um termo esotérico para uma lua que provavelmente só ocorre uma vez na vida. "*Once in a blue moon.*" Bill Monroe escreveu

A major new novel by the dean of American science fiction writers

ROBERT A. HEINLEIN

THE MOON IS A HARSH MISTRESS

"Blue Moon of Kentucky", que Elvis gravou junto a uma versão staccato de "Blue Moon"... na qual encarnava Dino, fechando o círculo.

Quando Elvis gravou "Blue Moon of Kentucky", ele fez a mesma coisa que tinha feito com "Mystery Train". Ele a aprimorou: pegou canções de andamento médio, como "Blue Moon of Kentucky" e "Mystery Train", e até "Good Rockin' Tonight", as despiu e acelerou. É por isso que ele era chamado "o cantor movido a energia atômica". A energia atômica estava surgindo e Elvis estava na crista dessa onda.

Existe uma gravação de Dean Martin ao vivo no Sands Hotel, no auge da sua carreira, claramente feita na esperança de lançar um disco ao vivo. Ouvindo as

gravações da primeira das duas noites, você mal consegue acreditar que Dino conseguiu terminar o show. As palavras se dissolvem em um fluxo de vogais sem as faixas de tráfego das consoantes. As canções começam e adormecem após o refrão só para serem interrompidas por uma série de falas incoerentes e piadas, às vezes, as duas coisas ao mesmo tempo ("Frank Sinatra não gosta que ninguém fale durante seus shows. Eu não ligo se você falar durante o meu show. Eu não ligaria se você jogasse boliche."). Ele é engraçado, charmoso e está caindo de bêbado.

E então você escuta a segunda noite. Algumas piadas são diferentes. Ele adiciona toques criativos num par de canções de um jeito diferente, mas os dois shows são praticamente a mesma coisa. Talvez ele não estivesse mesmo bêbado, mas tenha aperfeiçoado a arte de atuar como se estivesse.

Não que Dino fosse o bufão soluçante ou o bêbado monopolizador e argumentativo. Ele não era o pinguço agressivo, nem o demônio enraivecido com a ira libertada pela coragem líquida procurando briga. Tudo menos isso.

Dean era o libertino amável, o tio favorito de todos, encantador e embriagado com um brilho de travessura no olhar e uma garota festeira na cama. Ele era a bebedeira sem a ressaca, a luxúria sem o castigo e o homem que tanto Sinatra como

BLUE MOON

Elvis gostariam de ser. Ele morreu falido, triste e sozinho — realmente bêbado, vestindo um blusão manchado, sozinho em um restaurante longe da Sunset Strip com banquetas de couro vermelho e uísques cor de âmbar. Tanto ele como o restaurante já tinham visto dias melhores.

Dino canta ardilosamente. Não há nenhum esforço, mal se ouve sua respiração. Há poucas inflexões e modulações que são tão difíceis de cantar quanto fáceis de escutar. Na ponte, ele atinge uma *blue note* e, depois, um verso ou dois depois ("*I heard someone whisper, please adore me*") há uma pequena hesitação em sua voz que nos faz lembrar Nick Lucas, o mentor de Tiny Tim, que cantou a versão original de "Tip-Toe Thru the Tulips".

Canções como "Yes! We Have No Bananas", "When I'm Sixty-Four", "North To Alaska" e "Free Man in Paris" dependem tanto do arranjo quanto da música ou da letra para serem identificadas. Mas com "Blue Moon" não é assim. "Blue Moon" é uma canção universal, que tem apelo para qualquer pessoa em qualquer época.

A canção viajou através do tempo e atravessou todos os abismos culturais. Já foi gravada por *crooners* do country e invocada por cantores de soul. Ela é a pedra fundamental do doo-wop e um trampolim para as improvisações de jazz. Cantores pop já a cantaram e a cantam sem parar desde que ela foi composta.

É uma canção de amor, alternando entre a devoção e a melancolia. A simplicidade da letra a torna universal, com detalhes suficientes para salvá-la de ser genérica. A maleabilidade da canção a livra de ser demasiadamente associada a uma única versão e permite que ela seja de todos.

Compare, por exemplo, a versão de Dino com a interpretação sonhadora de Elvis ou o blues sofisticado com um toque latino da Bobby Blue Bland. Feita para públicos totalmente diferentes, mas a beleza da melodia e da poesia da letra as tornam acessíveis para todos.

É a dignidade que essa balada melódica contém que lhe proporciona classe e grandeza.

CAPÍTULO 47

GYPSIES, TRAMPS & THIEVES
CHER

Originalmente lançada como *single*

(Kapp, 1971)

Composição de Bob Stone

ESSA É UMA CANÇÃO SOBRE ESTAR se movendo e continuar se movendo — é sobre ter nascido em movimento. A grande turnê, uma cidade surgindo depois da outra — não existem becos sem saída. O tipo de canção que quer saber quem foi, de quem é a culpa e quem se importa. Você não vai para onde não te querem, e quando chega, nunca se recusa a partir. Sem palavras de adeus ou despedidas, ninguém nunca te impede de voltar. Não importa o que é, se não é negócio seu, você fará com que seja.

Você evoluiu ao longo de milhares de anos e continua em movimento, armando a barraca e pagando as contas. Embustes, torneios e espetáculos, eles são o seu ganha-pão. Cowboys de fachada, observadores de meninas, corujas noturnas — a família toda e o cachorro também, você alegra todos e os suga até os ossos sem dificuldade. Faz pessoas totalmente despertas terem pesadelos. Gente sussurra pelas suas costas — te ironizam, satirizam, caçoam e ridicularizam, fazem comentários enviesados, mas seu lugar ao sol está garantido. Você é a companheira sexual dos espíritos lunares e consegue levar pessoas comuns a fazer coisas horrendas e completamente sem sentido. Você entende a vida de cabo a rabo.

O sujeito que você chamava de Avô também estava sempre na estrada. O Avô vendia óleos que tratavam tudo, de problemas na vesícula biliar a constipação, artrite, reumatismo e letargia — pregava para todo Fulano, Sicrano e Beltrano a verdade dura das escrituras — sermões sobre fogo e enxofre, retóricas sobre o lago de fogo, persuadindo pessoas a se converter em doutrinas políticas ou religiosas — e agora ele não consegue ver um palmo à frente do nariz e está tão sem juízo que não sai da chuva. Logo ele vai virar borboleta e seus ossos voarão longe.

Pessoas sem ética são uma presa fácil para você, elas são o seu ganha-pão — arrogantes, esnobes, eruditas, não importa quem elas pensam que são.

Mas você as enxerga como formas geométricas, com ângulos e planos sólidos, e sabe como fazê-las ver coisas maravilhosas e sabe tocar músicas que as enlouquecem. Você tem o caráter de Saturno e o espírito de Vênus. Paixão e desejo, você dá isso para elas por debaixo dos panos. Suas diretrizes são simples e você não descarta nenhuma possibilidade. Tire a roupa e dance a dança da espada, nua em pelo dentro de uma tenda de lona, cercada por toda a realeza da cidade, os nomes de peso e as figuras de destaque, com suas carecas brilhantes, jogando dinheiro para o alto, às vezes, até o último centavo.

Vagabundos e batedores de carteira, é isso que dizem alguns. Vira-latas e bastardos, é o que dizem outros. Mas eles não sabem de nada, as coisas que eles aturam você não toleraria nem por um minuto. Jamais houve um dia em que você acordasse e dissesse que aquele não seria um dia bom.

É de família. Primos, meios-irmãos, tias, tios-avós, sobrinhos, primos de segundo grau, uma ordem fraterna e uma irmandade, um círculo fechado, uma sociedade secreta. Seu coração é o trono da sabedoria, não tem nenhuma massa cinzenta no seu cérebro, você sempre está deixando a porta aberta para a amizade. Você olha no espelho e vê uma confidente — você nunca está inacessível para si mesma. Sua filosofia de vida é esperar pra ver. Você é capaz de fazer todos que pousarem os olhos sobre você se sentirem como se estivessem se apaixonando, você

vem de uma longa linhagem — e vai a todos os lugares a todo momento. Para esse lado, para aquele lado, além da montanha, subindo e descendo a estrada, será que você pode ir além do limite máximo — claro, vá aonde quiser.

VAMOS PULAR O CARNAVAL.

Estamos falando de uma garota grávida, "embuchada", como costumávamos dizer. É Tanya Tucker dando carona para alguém um pouco ao sul de Mobile. Ela tem uma mãe e um pai violentos e um avô vigarista. Isso está totalmente de acordo com quem ela é — uma menina de dezesseis anos que está grávida. Essa canção está na fronteira entre a velha e a nova culturas. Provavelmente, um dos últimos *medicine shows*. Talvez parecido com Oral Roberts ou algo assim. Coletando dinheiro e seja o que for. Oral Roberts, o velho pregador de Oklahoma.

Ciganos, vagabundos e ladrões poderiam facilmente ser a resposta para a pergunta "Escolha três tipos de pessoas com quem você gostaria de jantar". Depende do que você for comer, não é mesmo? Mas, ao mesmo tempo, não importa o que você vai comer, só importa com quem você está à mesa.

É difícil convencer alguém com o mito do anjo caído. É muito mais fácil imaginar a Little Egypt* fazendo sua dança das pirâmides. Pelo menos parece que ela se divertia enfeitiçando os homens.

Cher teve uma infância difícil. Seu pai biológico a abandonou quando ela tinha apenas nove meses de idade. Sua mãe se casou cinco vezes depois disso.

Essa canção é uma metáfora sutil da cantora sobre os relacionamentos pai/mãe. Cher, eventualmente, encontrou Sonny Bono, um aspirante a cantor e ator, e se apaixonou. Sonny era produtor musical, protegido de Phil Spector, e terminou fazendo muito sucesso cantando ao lado de Cher. Mas o seu maior feito foi no parlamento, onde ajudou a aprovar a Lei Sonny Bono, que ampliava os direitos autorais de todos os compositores.

* Referência a "Little Egypt", de Elvis Presley, em que o narrador descreve uma dançarina provocante que engravida e larga os palcos.

Essa canção derrete tudo, doura e frita por imersão — ordenha a vaca até sair sangue.

CAPÍTULO 48

KEEP MY SKILLET GOOD AND GREASY UNCLE DAVE MACON

Originalmente lançada como *single*
(Vocalion, 1924)
Composição de Uncle Dave Macon

ESSA CANÇÃO É UM REATOR e ela te toma por inteiro — defuma as suas carnes e rouba os seus miolos — e ela vem de graça com a garrafa. O patriarca de todos os programas de culinária — um verdadeiro caldeirão. Untado, bem coberto de óleo, tão escorregadio quanto pode ser e pronto para chiar na chapa.

Nessa canção suas diversas identidades estão entrelaçadas, cada um desses "vocês" é igual ao outro, cuspido e escarrado. Você é o Dalai Lama, o Monge Negro e o Ladrão de Bagdá em um só, o mundo inteiro é a sua cidade. Vagando e cometendo pequenos furtos, descendo para o East End, de volta para o lugar de onde veio, para a natureza selvagem e os campos — de volta para Chinatown e Little Italy —, os alforjes cheios de cevada e broa, alecrim e hera, tiras de bacon no seu bolso. Você está sem focinheira nem coleira, o caminhante noturno subindo por uma via torta, a Estrada Real, roubando coxas de peru e qualquer coisa doce e picante, vagando pelos campos de tabaco como Robin Hood, assando e refogando tudo que vê pela frente. Colocando tudo em um sanduíche e empurrando goela abaixo com conhaque de ameixa. Todos os dias você acorda — e se pergunta se vai continuar botando a mão na massa, matando o leão de cada dia, se flagelando até a morte apenas para pagar as contas — não, você não vai fazer nada disso, já chega.

Você está sulcando a terra e levantando poeira e as pessoas querem te pegar. Pistoleiros, franco-atiradores, ogros desembestados na sua cola, mas você não está preocupado, não está se escondendo de nada e de ninguém. Valente sob fogo cruzado — você tem a coragem de um buldogue. Multirracial, bissexual, celibatário, feito da mistura de chapa metálica, cobre e ferro forjado, diluído em nata e vinagre — eles não são páreo pra você, você vai castrar todos eles, vai deixá-los de queixo caído e enterrá-los no concreto. Você tem o pensamento livre, a cabeça aberta, combinando verdade com prazer, falando de peito aberto — fodendo e peidando pelos becos sem saída com ameixas e óleo de mamona — jogando todas as salsichas e linguiças na frigideira, provando tudo. Talvez algum dia você se aquiete, tire os seus sapatos, desafivele o seu cinto, tenha uma folga, mas não agora.

Você é Long John Silver e tem cobras nas suas botas, biscoitos da sorte e rosquinhas com glacê, e você está bebendo café gelado — comendo carne-seca e presunto, engolindo bocadas inteiras de torta de creme de Boston e rocambole de geleia como se fosse um confeiteiro, toda a cadeia alimentar a seu dispor e você vai assar tudo, grelhar na brasa à perfeição.

Você é o cozinheiro de birosca com uma chapa quente, cada minuto de cada dia, a qualquer momento. Você monopoliza o mercado, fecha acordos, faz negócio com todo mundo. Você tem a arma que ajudou a conquistar o Oeste, autoproteção infalível e o impulso de apertar o gatilho. Acertando moedas de centavos lançadas no ar, derrubando o cigarro da boca da sua namorada, embebedando-a com uísque canadense e sangria, a convertendo numa pinguça. Você lambe os beiços olhando para um monte de malandros — o valentão da rua, o aproveitador, o cafetão —, você vai dar sua mordida letal em todos, defumá-los e cozinhá-los no vapor, você está com tudo. Fraldinha assada, bife de alcatra, pernil de cordeiro, esquentando e requentando como um chapeiro de lanchonete. Coxinhas de frango, salgadinhos

PORK CHART
RETAIL CUTS OF PORK - WHERE THEY COME FROM AND HOW TO COOK THEM

Boston Butt — Roast
Rolled Boston Butt — Roast
Blade Steak — Braise, Panfry
Smoked Shoulder Roll — Roast (bake), Cook in Liquid, Broil, Panbroil, Panfry

Sausage* — Panfry, Braise, Bake
Porklet — Braise, Panfry
Fat Back — Panfry, Cook in Liquid
Lard — Pastry, Cookies, Quick Breads, Cakes, Frying

Blade Loin Roast — Roast
Center Loin Roast — Roast
Tenderloin — Roast, Braise, Panfry
Rolled Loin Roast
Sirloin Roast
Back Ribs — Roast, (bake), Braise, Cook in Liquid
Rib Chop / **Loin Chop** / **Sirloin Chop** — Braise, Broil, Panfry
Butterfly Chop
Blade Chop / **Top Loin Chop**
Country Style Backbone
Canadian Style Bacon — Roast, Broil, Panbroil, Panfry
Smoked Loin Chop — Broil, Panfry

Smoked Ham Shank Portion / **Smoked Ham Butt Portion** — Roast (bake), Cook in Liquid
Rolled Fresh Ham (leg) / **Smoked Ham Boneless Roll** — Roast (bake)
Canned Ham — Roast (bake)
Sliced Cooked "Boiled" Ham / **Smoked Ham Center Slice** — Broil, Panbroil, Panfry

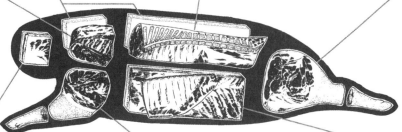
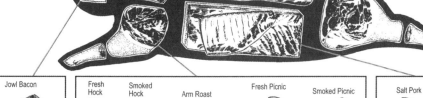

Jowl Bacon — Cook in Liquid, Broil, Panbroil, Panfry

Pig's Feet — Cook in Liquid, Braise

Fresh Hock — Braise
Smoked Hock — Cook in Liquid
Canned Luncheon Meat* — Roast (bake), Broil, Panbroil

Arm Roast — Roast
Arm Steak — Braise, Panfry

Fresh Picnic — Roast
Rolled Fresh Picnic — Roast
Smoked Picnic — Roast (bake), Cook in Liquid
Canned Picnic — Roast (bake)

Salt Pork — Broil, Panbroil, Panfry, Cook in Liquid, Bake
Spareribs — Roast (bake), Braise, Cook in Liquid

Sliced Bacon / **Slab Bacon** — Broil, Panbroil, Panfry, Bake

e moela, tudo que vê pela frente, você está grelhando e assando na brasa 24 horas por dia, indo de casa em casa, de rua em rua, passando a tocha de mão em mão.

Essa canção é como um filme mudo — sem irregularidades, nem rápida nem devagar, ela mostra o que tem. É uma canção unificada, todas as coisas estão constantemente em movimento, contíguas, continuidade da forma, ela não segue qualquer linha e uma parte pode ser facilmente substituída por outra. Libertina, imponente, orgulhosa e cheia de brio — com um dedo segurando o gatilho com força, o mindinho no porrete. Panquecas e crepes, cebolinha e alface americana, tão quente que causam queimaduras de terceiro grau. Essa canção derrete tudo, doura e frita por imersão — ordenha a vaca até sair sangue. É uma guia espiritual e fará o papel de intérprete em terras estrangeiras.

ESSA CANÇÃO PRECEDE O ROCK 'N' ROLL em

mais ou menos trinta anos. E sobre o que ela fala? Ela fala sobre o andarilho alegre, o ladrão de galinhas. Grupos de bluegrass a tocam, mas ela não é realmente eficaz a não ser que você repita a palavra "*time*" três vezes. Como Uncle Dave. É isso que faz ela funcionar. Ela é um bom exemplo de porque falar não é como cantar. Você não diz para alguém "Venha aqui, aqui, aqui" ou "Vou fazer isso, isso, isso". Mas você pode cantar isso e vai fazer todo o sentido.

Às vezes, as pessoas perguntam para os compositores qual o significado de uma canção, mas não entendem que, se eles tivessem mais palavras para explicá-la, teriam usado essas palavras na canção. A repetição é o cerne dessa canção — "*all the time, time, time, home, home, home*".

A repetição cria estrutura, como uma treliça debaixo de uma videira, deixando que o restante da canção vá por onde for. Duas linhas no primeiro verso, uma no segundo, no terceiro e no quarto, depois novamente duas, depois uma e, finalmente, três. A estrutura se desloca, palavras e frases são inventadas — "*a ham of meat*", "*Fell on the hog with all his grip*", personagens surgem e desaparecem — quem é Mandy, por que ela bebe, será que ela é a mesma moça que é dona do barraco, quem é o homem sobre o tronco? Nada disso importa porque a frigideira do cantor é boa e está untada todo o tempo, tempo, tempo. E o que isso significa? Parece que se trata de alguma vaidade sexual, mas a canção não é uma metáfora sexual estendida. Em vez disso, temos culinária e furtos, consumo alcoólico e farra, cães de caça e porcos. É uma série de fotografias, imagens aleatórias que sintetizam um todo maior.

A canção segue suas próprias regras, independentemente do que você pensa ou deixa de pensar. Não tem nada a ver com a lógica aristotélica. "*Baby, if you tell me not to work, that's enough for me. I won't work no more.*" O fraseado de Uncle Dave é totalmente desordenado, e ele já fazia isso lá atrás. Tente cantar o último verso da canção sem atropelar o fraseado.

Isso é Chuck Berry anos antes de Chuck Berry fazer a dança do pato pela primeira vez. A inventividade da linguagem, de "*ham of meat*" para "*coolerator*",* é evidente em ambos. O *blip/zip* da arma até a bala que ecoa como um "*bolt of thunder and streak of heat*" de "Jo Jo Gunne", de Chuck.

Isso é muito diferente do "*He's a walking contradiction, partly truth and partly fiction*",** de Kris Kristofferson. Será que é a mesma mensagem para públicos distintos? Ou, como Sly diria, "*different strokes for different folks*".***

Então, Uncle Dave Macon é rock 'n' roll? Tanto quanto Chuck Berry. Mas não é por isso que você escuta qualquer um dos dois. Essa é só a prateleira em que os colocamos. Devemos ouvi-los porque, de alguma forma, é um som que faz você se sentir em casa, casa, casa.

Essa canção tem parentesco com o *talking* blues. Como se fosse Walt Whitman, se ele fosse músico. A canção contém multidões. Ela é tocada com uma caixa de ressonância no banjo. Ele tilinta e ressoa como uma guitarra elétrica. O sujeito é um ladrão. Ele rouba carne, rouba galinhas, ele embebeda as mulheres até o ponto certo. As pessoas costumam dizer que os artistas podem até tocar e cantar bem, mas eles não são boas pessoas. E essa canção explica o porquê.

* Palavra que Chuck Berry usava para geladeira em "You Can Never Tell". Na verdade, "*coolerator*" era o nome de uma fabricante de geladeira originária de Duluth, Minnesota, cidade natal de Dylan.
** Verso de *The Pilgrim,* capítulo 33, de Kris Kristofferson, que pode ser traduzido como "Ele é uma contradição ambulante, meio verdade, meio ficção".
*** Citação direta de um verso de "Everyday People", de Sly and The Family Stone. A frase, que se tornou um chavão popular nos anos 1960, significa algo como "cada um com seu cada qual".

CAPÍTULO 49

IT'S ALL IN THE GAME
TOMMY EDWARDS

Originalmente lançada como *single*

(MGM, 1958)

Música de Charles G. Dawes

Letra de Carl Sigman

CARL SIGMAN ESCREVEU A LETRA dessa canção, mas a melodia já havia sido criada pelo menos quarenta anos antes por Charles Dawes, que depois veio a ser vice-presidente no mandato de Calvin Coolidge. Não é incomum que políticos escrevam melodias ou canções — Jimmie Davis fez isso em "You are My Sunshine". Essa prática segue até os dias atuais, com o ex-político Mike Huckabee, que também compôs melodias e era um baixista talentoso. Tanto Nixon quanto Truman tocavam piano clássico. Bill Clinton toca sax tenor. E Lyndon Johnson supostamente tocava gaita para passar o tempo.

De qualquer modo, Carl, um letrista de alto calibre, escrevia letras para melodias ou traduzia canções estrangeiras, transformando-as em sucessos nos Estados Unidos. Carl escreveu a letra incrivelmente mística da canção "Ebb Tide". Tommy Edwards era um cantor de rhythm and blues, o mesmo gênero de Little Willie John e Joe Williams.

Qualquer um desses sujeitos poderia ter interpretado essa canção e feito sucesso. Oito notas, marteladas no piano, conduzem a canção. Para uma balada, é extremamente sutil. Podia ser dançada lentamente ou como *jitterbug*. O arranjo é

a chave. Você não vai ouvir arranjos assim hoje em dia. Ele é todo planejado, o vocalista usa uma câmara de eco de verdade e a parte das cordas conta com camadas de contraponto, com coros que preenchem as lacunas — mas nada atrapalha. Naquele tempo, o nome dos arranjadores não era divulgado nas canções, então não temos como saber quem fez o arranjo. Mas foi alguém que certamente não ficaria atrás de Nelson Riddle e outros desse naipe.

O companheiro de chapa de Dawes, Calvin Coolidge, faz uma ponta como personagem na canção "Louisiana 1927", de Randy Newman. Lá, *Silent Cal* visita as margens dos rios para verificar os estragos. Aqui, Cal está nos bastidores depois de convidar Charles Dawes para dividir a chapa com ele. Sendo a vice-presidência um cargo sempre zombado por sua nulidade — nosso primeiro vice-presidente, John Adams, a descreveu como "o cargo mais insignificante já inventado pelo homem ou concebido por sua imaginação" —, Dawes tinha bastante tempo pra trabalhar na elaboração de suas canções.

Carl escreveu a letra quarenta anos após Dawes ter composto a melodia, e Tommy Edwards a tornou um sucesso sete anos depois. Às vezes, uma canção demora pra achar o seu momento. Outras vezes, você precisa lançá-la no mundo no dia seguinte.

Assim como acontece no jogo do amor, quando você é o espectador ou está de fora, consegue entender e ver o jogo muito melhor do que aqueles que estão jogando.

CAPÍTULO 50

A CERTAIN GIRL
ERNIE K-DOE

Originalmente lançada como *single*

(Minit, 1961)

Composição de Naomi Neville, também conhecido como Allen Toussaint

---

ERNIE K-DOE É O CARA QUE VOCÊ quer conhecer e a quem quer ser associado. O homem sabe guardar um segredo. Ele não vai contar nada a ninguém. Não precisa se preocupar, ele não vai dar com a língua nos dentes pelas suas costas ou ganhar um troco em cima de algo que sabe a seu respeito — ou te apunhalar pelas costas. Não vai dar nenhuma informação a ninguém. Não é dedo-duro, traíra, cagueta. Você pode confiar nesse cara. O sujeito que não vai te dizer o nome da namorada dele é quem você quer a seu lado.

Ao contrário de "Do You Want to Know a Secret", dos Beatles. Este é o cara que você precisa evitar. Além de não precisar nem ser espremido pra liberar a informação, ele quer contar tudo, você nem precisa pedir. É o sujeito que não consegue ficar com a boca fechada — vai acabar fazendo que te matem ou que você tenha de matá-lo pra não ser morto.

CAPÍTULO 51

I'VE ALWAYS BEEN CRAZY
WAYLON JENNINGS

Originalmente lançada como *single*

(RCA, 1978)

Composição de Waylon Jennings

NESSA CANÇÃO, VOCÊ ESTÁ dando conselhos conquistados a duras penas a uma mulher que está pensando em te entregar o coração. Você está sendo honesto, põe todos os pingos nos is, não quer que ela tenha uma impressão errada a seu respeito. Em outras palavras, pode ser que você seja bom demais pra ser verdade, e você está sendo franco e quer que ela tenha certeza de que é o cara certo pra ela, mas não sabe se ela compreende o que está tentando dizer.

O seu passado é complicado, você já foi preso e acorrentado por deslizes, falha humana — infrações e erros tolos, muitos vacilos. Até já foi reconhecido por uma testemunha equivocada e apreendido por um delito que não cometeu, detido por coisas em que você nem estava envolvido. Você está tentando preservar essa mulher, sendo tão autêntico quanto possível, iluminando bem a mente dela a respeito de quem você é. Não está se gabando ou contando bravatas sobre nada da sua vida, não faz autopropaganda. Está tentando dizer a ela que, apesar de ter feito coisas questionáveis e coisas questionáveis terem sido feitas com você, nada foi intencional ou premeditado, acontece que a sua vida foi tudo, menos um mar de rosas. Você não está tagarelando sobre isso, apenas tentando adverti-la para que essa entrega seja um risco calculado.

Você não vai virar a página nem começar do zero — não tem nenhum motivo para fazer isso, está só tentando protegê-la e se desmistificando e, de qualquer forma, é difícil te classificar. Você não tem certeza se é alguém que deve ser aplaudido e aclamado pelas coisas que fez ou escorraçado e xingado. Você quer que ela saiba de tudo isso — saiba onde está se metendo.

A maioria dos homens não fala assim com uma mulher, uma mulher que está cogitando se apaixonar, mas você não é como a maioria dos homens. Sempre foi diferente, o esquisito — sempre foi doido de pedra, mas nunca teve um parafuso a menos.

Nessa canção, você está se antecipando — dando explicação a quem nunca te pediu.

ÀS VEZES, AS CANÇÕES APARECEM disfarçadas. Uma

canção de amor pode esconder todo tipo de emoção, como raiva e ressentimento. Algumas podem soar alegres e conter um abismo de tristeza; outras que soam tristes podem ter profundos mananciais de alegria. Essa aqui pode ser vista de duas formas diferentes. À primeira vista, ela está ligada à loucura e à insanidade. Essa parece ser uma típica falácia lógica — o arquétipo de se trocar seis por meia dúzia. Mas vamos mais fundo. Digamos que Waylon estivesse sendo acusado de homicídio. Essa canção é o Waylon dizendo ao advogado que não quer alegar insanidade quando se apresentar ao juiz. Ele prefere ser maluco e encarar tudo de frente. Alegar insanidade o alienaria do mundo.

Quando Eddie Cochran gravou "Nervous Breakdown" no final dos anos 1950, ele não fazia ideia de que ela soaria politicamente incorreta aos ouvidos modernos. Hoje em dia, "colapso nervoso" é uma expressão risivelmente ampla para uma panóplia de situações, e as particularidades individuais da condição humana estão divididas em categorias tão delgadas quanto as fatias de uma batata repartidas durante a Grande Fome na Irlanda na década de 1840. O que certas pessoas, sem dúvida, também verão como uma caricatura politicamente incorreta, mesmo que a batata realmente fosse o alimento básico acessível à população irlandesa, arrasada por um fungo que destruiu toda a safra de 1845.

O conhecimento é uma coisa boa, é claro, mas um de seus efeitos colaterais potencialmente perigosos é que, quando o campo de conhecimento se alarga, acabamos nos esticando até nosso limite. As pessoas tentam se proteger de diferentes formas conforme seus nervos se desgastam até virarem pó — existem diversas substâncias que regulam o humor, algumas automedicadas, outras classificadas pelo governo e disponíveis apenas mediante receita médica. Nenhuma delas é muito precisa — estão mais pra chumbo grosso do que pra bala de um franco-atirador. E apesar de serem úteis, como qualquer pessoa que já tenha caçado com uma espingarda poderá te dizer, você pode saborear o coelho, mas passará algum tempo mastigando chumbo.

A FILOSOFIA *da* MÚSICA MODERNA

Terapia funciona para muitas pessoas, mas a vida é mais fácil para aqueles no palco. Em vez de pagar por hora para que alguém finja interesse enquanto te ouve discorrer sobre a vida, um artista sagaz pode despejar tudo no público, se desafogar e receber adulação e, simultaneamente, um belo pagamento. Quais questões Elvis estava elucidando enquanto milhares de adolescentes gritavam o nome dele? Quais conflitos sobre a morte Screamin' Jay Hawkins estava resolvendo quando cobrava das pessoas para vê-lo emergir de um caixão?

Artistas de palco entendem que uma boa história é uma mercadoria básica, uma que eles não entregarão de graça. O terapeuta está do lado errado dessa transação — se você tem uma história escabrosa pra contar, que quer comer o seu pai ou fazer amor com a sua mãe, por que pagar um analista pra ouvir? Ele ou ela é quem deveria estar te pagando.

É claro, o público tem um apetite insaciável e o que ontem era lascivo, hoje é sem sal. O que antes era uma receita logo se torna uma fórmula ou — como acontece tanto na música como na escavação de trincheiras — o balanço que era legal logo fica um saco.

As pessoas começam a agir de maneira errática pra ter histórias melhores pra contar, sem querer decepcionar seu público, seja ele composto de milhares de adolescentes ou um único terapeuta. É aí que vamos da maluquice para a insanidade.

Eu não sei lá muito sobre artistas de palco, mas estou disposto a acreditar no que Waylon diz. Ele pode ser maluco, mas não acho que ele seja insano.

CAPÍTULO 52

WITCHY WOMAN
EAGLES

Originalmente lançada no álbum *Eagles*
(Asylum, 1972)
Composição de Don Henley e Bernie Leadon

A MULHER BRUXA é uma mulher sem casa, a mulher que tem um ponto de vista — a mulher progressista —, jovem, extravagante e grotesca. A mulher da vila global de lugar nenhum — destruidora de culturas, tradições, identidades e divindades.

Os lábios da buceta dela são uma arapuca de aço, ela te cobre com bosta de vaca — um verdadeiro espetáculo, te inspira medo e desconfiança, e com muita razão. Mais feia que a fome, ela está longe de ser uma gracinha. Surge vestindo perucas, olhos artificiais, joias e cosméticos. Camiseta, shorts e botas até o quadril, casaco de pele e óculos enormes — cabelo preto como asa de graúna e lábios como um bom vinho — roça o dedo do meio contra o polegar e lança faíscas. Ela tem algo de que você não consegue se livrar, talvez sejam os estimulantes e tranquilizantes, as balinhas, hidroxiesteroides ou a heroína dourada. O que quer que seja, te viciou e você parece estar projetando uma sombra mortal. Ela deixou seus olhos cor de sangue e sua pele vermelha como beterraba. Ela é um sapo milenar que vê com o nariz e cheira com a língua — ela sabe te provocar, te chama de babaca, cobra caolha ou cabeça de ovo.

Ela tem algo de que você não consegue se livrar, talvez sejam os estimulantes e tranquilizantes, as balinhas, hidroxiesteroides ou a heroína dourada. O que quer que seja, te viciou e você parece estar projetando uma sombra mortal.

WITCHY WOMAN

A velha biruta tem um espírito volátil, baniu tudo o que havia de puro e sagrado da sua vida e te fez regredir a um estado infantil. Ela é uma pimenta ardida, um gosto repugnante, uma piranha muito louca, te fez prisioneiro dos seus próprios demônios.

Deixa eu te dizer, irmão, é melhor ficar esperto. Você já foi um diamante bruto, com a consciência e as mãos limpas — agora você se perdeu em si mesmo, um traste rude com uma natureza maligna —, a escória da terra e ela já está por aqui com você. Quais são suas chances de sobrevivência? Você precisa esquecer suas boas maneiras, abandonar sua polidez e vestir a pele de um leão.

É difícil se deixar levar por essa canção. Ela é sobre espíritos no ar. Melancólica e sombria — enche a sua boca de cinzas.

A FILOSOFIA *da* MÚSICA MODERNA

★ ★

EM 1954, BOB LUMAN COMPÔS, gravou e lançou, pelo

selo Imperial, um rockabilly lado B intitulado "Twitchy Woman". Essa continua
a ser uma de suas canções menos conhecidas. Dezoito anos mais tarde, Bernie
Leadon e Don Henley retiraram a primeira letra do título e inauguraram a carreira
de compositor de Henley, com letras que descrevem a fusão alucinógena de um
súcubo com um taumaturgo, meio trovadora sensual, meio vítima da Era do Jazz,
parcialmente conjurada pela leitura da biografia de Zelda Fitzgerald escrita por
Nancy Milford em meio a um sonho febril induzido por uma gripe.

Me pergunto por que ninguém removeu mais uma letra e gravou uma canção
sobre uma "*itchy woman*". Mulheres bruxas, bruxas rainhas ou a boa e velha mulher
do feitiço, elas nunca tiveram bom desempenho em canções. Peter Green escreveu sobre uma que o deixou cego, tentando transformá-lo em um demônio. Ela
mal chegou ao Top 40 do Reino Unido, mas, quando Carlos Santana a gravou, chegou ao quarto lugar das paradas.

Marie Laveau, a bruxa rainha de New Orleans, foi a primeira de sua linhagem
a nascer livre da escravidão e viveu como uma mulher livre na rua St. Ann, nas pro-
ximidades do Lago Pontchartrain, onde presidia cerimônias e celebrações em que
fazia uso de suas habilidades como clarividente, mística e curandeira. Uma boa
pessoa pra se conhecer caso você quisesse praguejar contra alguém. Ela provavelmente já teria sido esquecida não fossem seus inflamados opositores, que publica-
vam editoriais no *Picayune*, o jornal diário de New Orleans, com ardentes ataques
em que a designavam como "o principal motor e a alma do ignóbil vodu".

Madame Laveau ria desses ataques, era uma mulher de negócios sagaz e sabia
que a notoriedade só aumentaria a demanda por seus serviços especializados e
compressas, um dos primeiros exemplos de *branding* de um produto. Mas duvido
que mesmo a presciente srta. Laveau pudesse prever a popularidade que teria após
morrer, em 1881, tornando-se inspiração de uma próspera indústria turística que
vendia lembrancinhas em pleno século XXI.

Ela foi celebrada em inúmeras canções e talvez as mais marcantes sejam a de

Redbone e a de Bobby Bare. Ambas são boas, mas não posso deixar de tirar meu chapéu para a de Bobby que, com letra de Shel Silverstein, fala sobre o dente de um gato preto e de um sapo perneta.

Mas as lojas na Bourbon Street que carregam o nome da bruxa rainha e oferecem talismãs e pés de galinha bentos não foram as primeiras a lucrar com o medo e o desconhecido. Foi em Salem, Massachusetts, que ocorreram julgamentos baseados em acusações de bruxaria, que envolviam religião, política e questões de gênero. Havia extremistas de ambos os lados, pessoas fabricaram fatos e ignoraram o devido processo legal — houve mortes. E hoje, naquele local, as pessoas vendem ingressos e lembrancinhas, se fantasiam em recriações e tiram fotos.

Então, quando Bernie e Don compuseram sua canção, o segundo *single* dos Eagles, na cabeça de todos já existia uma imagem da mulher meio bruxa. Cabelos negros, fagulhas voando, a sombra dançante com olhos de lua, a gargalhada demente. Todos a conhecemos. E se trocamos a colher de absinto de Zelda por uma de cocaína, não tem problema. Afinal de contas, era 1972. As bruxas usavam poções diferentes naquela altura.

CAPÍTULO 53

BIG BOSS MAN
JIMMY REED

Originalmente lançada no álbum *Found Love*

(Vee-Jay, 1960)

Composição de Luther Dixon e Al Smith

VOCÊ É O CHEFÃO, O DONO DA CASA com a pecha de sovina e pão-duro. Você é o famoso cacique, o enorme mão-fechada avarento que trata todos os funcionários como se fossem seus moleques de recado. Você controla as despesas e caminha pelos corredores do poder — o déspota que esfrega as notas de dólar até desbotarem.

O homem moderno é seu empregado — servil e hipócrita, o cidadão bem-informado, o ser racional, o puxa-saco e o lambe-botas; os cinemas são seu templo. Vinte e quatro horas por dia, ele está trabalhando, desidratado. Seriam necessários oceanos de água para lavá-lo de suas vidas passadas. Ele precisa de rios de poesia e música, e você não permite que ele descanse ou interrompa suas tarefas por um segundo. Sindicatos, levantes, revoltas, ameaças vãs — você não presta atenção em nada disso, deixa tudo pra lá, está acima de tudo. Você é o gigante ciclópico — está do lado certo da história. O oligarca supremo, o generalíssimo, o suserano descomedido que trata todos como se fossem mordomos e camareiras. Um homem de distinção. Você deveria estar feliz por as pessoas quererem imitá-lo.

JIMMY REED, A ESSÊNCIA DA SIMPLICIDADE

elétrica. Você pode tocar um blues de doze compassos com centenas de variações e Jimmy Reed devia conhecer todas. Nenhuma de suas canções para quieta. Ele era o mais country de todos os artistas de blues dos anos 1950. Ele é sagaz, tranquilo. O concreto da cidade não existe sob seus pés. Ele é puro country.

Jimmy Reed é sinônimo de espaço. O ar circulando num cômodo. Você se sente como se visse a luz revelando partículas de poeira que rodopiam ao sabor da música. Pode colocá-lo ao lado de Jimmie Rodgers e Thelonious Monk, dois outros músicos cujas obras nunca soam apinhadas, não importa quantos músicos estejam tocando. Alguns são como carros potentes — mas não Jimmy Reed, ele está contente com assentos confortáveis e um rádio que funcione.

Não é o blues de Chicago, não é sofisticado, mas leve como uma pluma, plana no ar e rola pelo chão. Quando falam de rock 'n' roll, a parte do "roll" pertence a Jimmy Reed. Se ele não estiver presente, não dá pra entender aquilo como rock 'n' roll. Uma de suas canções até mesmo diz *"Let it roll"*. E ele sabia do que estava falando. *"You've got me runnin', you've got me hidin'/ You've got me run, hide, hide, run/ Anyway you wanna, let it roll"*. É isso aí, Jimmy.

BIG BOSS MAN

    Ele toca gaita usando um suporte de pescoço. Não dá pra fazer muita coisa com uma gaita quando ela está presa em volta do pescoço. Mas ele conseguiu dar um jeito e até hoje ninguém conseguiu imitá-lo. Todas as canções têm a assinatura do glissando rápido com a gaita; é a rubrica que está em tudo, assim como o *yodel* de Jimmie Rodgers. É a mesma coisa, na verdade. Little Walter, por maior que fosse, ficaria deslocado numa faixa de Jimmy Reed, assim como Jimi Hendrix. As faixas de Jimmy não têm espaço para isso. Até Keith Richards acharia difícil achar o que fazer.
    Jimmie Rodgers e Jimmy Reed. Eles têm muita coisa em comum além do nome. A esposa de Jimmy, estou falando do Jimmy Reed, também estava muito envolvida nas canções. Provavelmente, ela escrevia e ele cantava. E parece que os dois estão fazendo isso de cabeça. Você pode ouvir a voz queixosa dela na maioria das faixas de Jimmy. Ela nunca o ofusca. O mesmo vale para a esposa de Jimmie Rodgers.
    Ela não canta com ele, mas o ajudou a escrever muitas das suas melhores canções.

BECAUSE...
I Was Too Tall

HOW LUCKY THOSE GIRLS ARE! I'LL NEVER KNOW THE MEANING OF ROMANCE! MEN DON'T LIKE WOMEN WHO TOWER OVER THEM...AS I DO!

HARDWARE ITEMS

OIL

GRAND

BUS STOP

CAPÍTULO 54

LONG TALL SALLY
LITTLE RICHARD

Originalmente lançada como *single*
(Specialty, 1956)
*Composição de Enotris Johnson, Robert Blackwell
e Richard Penniman*

LONG TALL SALLY TINHA QUASE QUATRO metros de altura. Ela vem dos tempos bíblicos, da Samaria, da tribo dos Nefilins, gigantes que viveram antes do cataclisma da enchente. Você pode ver fotos dos crânios desses gigantes e tudo mais. Eles eram pessoas tão altas quanto prédios de um andar. Descobriram ossadas dos gigantes no Egito e no Iraque. E ela era projetada para a velocidade, podia correr como uma gazela. E o tio John da letra era sua parelha gigante. Little Richard é um outro tipo de gigante, mas, não querendo espantar ninguém, ele refere a si mesmo como pequeno, para não assustar ninguém.

CAPÍTULO 55

OLD AND ONLY IN THE WAY CHARLIE POOLE

Originalmente lançada como *single*
(Columbia, 1928)
Composição de Charlie Poole e Norman Woodlief

HÁ UM MOMENTO LOGO NO COMEÇO de *A montanha dos 7 abutres*, filme de Billy Wilder de 1951, em que Chuck Tatum, personagem de Kirk Douglas que bebe intensamente e vive mais intensamente ainda, está dirigindo até o local onde irá cobrir a caçada a uma cobra, nos arredores de Albuquerque. Tatum bebeu até despencar ladeira abaixo em sua carreira jornalística, indo de um prestigioso jornal de uma cidade grande até um jornaleco de distribuição gratuita de uma cidadezinha. No caminho, ele conta o segredo de uma boa matéria ao ingênuo e jovem fotógrafo Herbie Cook (Robert Arthur). Ele diz que mil cascavéis no matagal não são uma matéria: mesmo que elas escapem, é um número grande demais. Conforme as cobras vão sendo capturadas, o interesse do público começa a crescer. Conforme a contagem regressiva se aproxima do zero, mesmo o perigo sendo menor, o fato de que ainda existe uma cobra solta é o que atormentará o juízo de todos — e quando só houver uma, ninguém vai conseguir tirar os olhos das notícias. Mas o melhor é o seguinte, ele diz a Herbie: um jornalista esperto guardaria aquela última cobra na mesa pra controlar a história e o público.

A FILOSOFIA *da* MÚSICA MODERNA

Esse é o problema dos números: se forem grandes demais, ficam abstratos. Uma dívida de 1 trilhão de dólares não significa nada quando vemos isso no noticiário, mas, se estiverem faltando dez dólares pra quitar seu aluguel, isso certamente chamará a sua atenção. É por isso que filmes de guerra são difíceis de fazer. É difícil dramatizar o imenso número de mortes do Grande Expurgo de Stálin, mas a história de um indivíduo vivendo durante a guerra, qualquer guerra, pode ser fascinante. A narrativa metonímica de personagens como Soldado Ryan, Sargento York, Coronel Kurtz, Patton, Schindler e Spartacus gera filmes melhores que aqueles que tentam desesperadamente retratar apenas o escopo do conflito.

Coisas acontecem. Incêndios, terremotos, vírus, e frequentemente os idosos estão entre as maiores vítimas. Amontoados em asilos, com sistemas imunológicos comprometidos, talvez incapazes de escapar de tiroteios com suas pernas débeis. Os números são altos mesmo quando não existem circunstâncias agravantes. Os velhos morrem e, até que seja alguém muito próximo, o mundo simplesmente encara essas mortes com desapego, como se fossem apenas ruídos na tabela de taxa de mortalidade.

Em *Os Anacletos*, Confúcio falou sobre a devoção filial e o respeito aos pais: "Poucos daqueles que são bons filhos e irmãos respeitosos serão desrespeitosos com seus superiores, e jamais houve um homem respeitoso com seus superiores que criasse agitação. O homem superior devota-se ao fundamental. Quando a raiz estiver fincada com firmeza, a lei moral crescerá. A devoção filial e o respeito fraterno são a raiz da humanidade".

É por isso que as culturas asiáticas tratam seus idosos com tanto respeito — com a possível exceção dos japoneses, com sua prática mística do *ubasute*, na qual idosos ou doentes eram carregados até o topo de uma montanha e abandonados para morrer. A prática foi dramatizada em um filme de Kinoshita de 1958, *A balada de Narayama*. Ou a Índia, onde a eutanásia involuntária de idosos, ou *thalaikoothal*, é praticada até hoje.

Na verdade, se você jogar "senicídio" no Google, verá que muitas partes do mundo mantêm uma relação de acolhimento/repulsão com seus entes mais velhos

OLD AND ONLY IN THE WAY

— a veneração do acolhimento, a eliminação da repulsão. Os Estados Unidos, com seus sonhos cromados de modernidade reluzente, nunca foram muito de venerar os idosos. Muito antes de provocações como "o*k, boomer*" e referências às pessoas com experiência como "velhos", esse país já tendia a isolar os frágeis grisalhos, talvez não em um bloco de gelo, mas em centros para idosos onde eles podem comer pudim com suas bocas sem dentes e jogar bingo afastados dos delicados olhos da juventude.

Seria fácil botar a culpa nos anos 1960, com seus slogans bobos como "Não confie em ninguém com mais de trinta", ou mesmo filmes ainda mais bobos, como *Wild in the Streets*, em que todas as pessoas com mais de 35 anos são presas em campos onde recebem doses obrigatórias de LSD.

Em julho de 1928, o tocador de banjo Charlie Poole entrou em um estúdio de Nova York com o guitarrista Roy Harvey e o violinista Lonnie Austin para gravar "Old and Only in the Way". Veja bem, existem muitas canções sobre envelhecer — é um tema relativamente comum, abordado tanto com seriedade, como em "Oh Death", de Dock Bogg, quanto comicamente, como em "I Feel That Old Age Coming On", de Wynonie Harris. E há também aquelas que estão em algum lugar no meio do caminho, como "I Know What It Is Like to Be Young (But You Don't Know What It Is to Be Old)", uma declamação gravada por Orson Wells em 1984.

John Prine registrou a solidão e o desespero do envelhecimento em sua "Hello in There" e, por melhor que seja a canção — e ela é bem boa —, ainda se trata de uma canção escrita por um homem mais jovem, cheia de empatia, que vê a velhice como algo que acontece com outra pessoa. "The Circle Game", de Joni Mitchell, conta a história de um menino que, aos vinte anos, vê seus sonhos se despedaçarem, mas mantém a esperança de que dias melhores virão. Parece ser uma canção otimista, mas se os seus sonhos se realizassem aos vinte, o que você faria com o resto da sua vida?

A letra de Poole é incisiva e inclusiva. Ele aponta para a eterna verdade de que, para a juventude, os mais velhos entre nós sempre serão vistos como um empecilho. Nós buzinamos atrás de seus carros lentos, zombamos da sua falta de traquejo tecnológico e de sua audição e visão reduzidas. Mas Poole, em sua ponte presciente, salienta que a velhice espera por todos nós, tão certa quanto a cova. Os que conseguem evitar a cova por tempo o bastante para se tornarem eminentes logo perceberão que agora estão velhos e atrapalhando.

Jerry Garcia precisou ter uma boa dose de presença de espírito para batizar um de seus projetos paralelos, uma banda de bluegrass de longa existência, como Old and In the Way. Se tem uma coisa que Jerry sabia, era o seu lugar no universo. Quando ele formou a banda, não poderia estar mais longe de ambas as coisas no título da canção: um jovem de 31 anos e líder de outra banda muito popular. Mas ele sabia que a juventude e a fama são fugazes e as palavras de Charlie Poole ecoaram nele.

Assim como Cícero, o grande orador, filósofo e estadista romano, Jerry sabia que "certamente não existe nada mais caro ao homem do que a sabedoria, e embora a idade tire tudo de nós, indubitavelmente nos dá isso".

E, por fim, vamos de "atrapalhando" para "saindo do meio do caminho" e geralmente, diante de companheiros de luto, fingimos que sentimos falta daqueles pra quem não tínhamos tempo quando eles ainda caminhavam sobre a terra.

Velho e atrapalhando, é assim que muitos norte-americanos tratam os idosos, jogados pra escanteio. Houve um tempo em que os idosos eram respeitados e estimados por sua sabedoria e experiência. Mas não mais. Alguns dizem que as pessoas que formam o mundo moderno são basicamente filhos desobedientes — que parecem não compreender que um dia também estarão velhos e atrapalhando.

CAPÍTULO 56

BLACK MAGIC WOMAN SANTANA

Originalmente lançada no álbum *Abraxas*
(Columbia, 1970)
Composição de Peter Green

A FEITICEIRA é a mulher ideal — invoca demônios, faz contato com o além, levita; hábil praticante da arte da necromancia, conduz orgias ritualísticas com os mortos, sempre fora do corpo. Uma criatura de poderes sombrios — e ela é toda sua.

Peito nu, veias azuis — baixa, poderosa e feia. Você é dependente dela, totalmente incapaz de fazer qualquer coisa por conta própria — ela é a mão oculta, o poder por trás do trono. Black power, revolução hippie, energia solar, seja o que for — carisma, ela tem tudo. Ela é feita do mesmo material que os sonhos, conhece os atalhos da sua consciência. Deixa todos em dívida com você, os põe à sua mercê; ela é a fada má, o gênio do mal que te transforma em lobisomem, te adorna com chifres e cascos de bode, mas você não tem escolha.

Ela te deu fortuna, respeito e grana, botou os freios em você, sua protetora, sua guardiã. Faz mandinga para os seus inimigos, enfeitiça seus concorrentes, põe o nome deles na boca do sapo, torna fraco e mole qualquer rival que te ameace, os transforma em bons perdedores e realiza suas pulsões de morte.

Ela tem uma energia hipnotizante, te desconecta do seu centro vital, cerca a sua natureza interna com um muro de tijolos e empareda tudo com concreto

HYPNOTIZE WITH THE AMAZING DUNNINGER'S HYPNOTIC GLASSES

DUNNINGER SAYS: "I can make YOU become a REAL HYPNOTIST! You need NO experience, yet ASTONISH YOUR FRIENDS AND ENTERTAIN PEOPLE with feats made possible only with the use of my HYPNOTIC GLASSES!"

Dunninger's Hypnotic Glasses enable YOU to hypnotize AT A GLANCE! This long-sought power is now at your command by merely wearing a pair of GLASSES (Pat. 2,815,310) and gazing into the eyes of your subject! Demonstrate your power at a MOMENT'S NOTICE in PUBLIC or in PRIVATE! You WILL BE ABLE TO HYPNOTIZE if you use these glasses with the instructions provided!

Meet DUNNINGER, acknowledged as the GREATEST MENTALIST OF ALL TIME! He amazed HISTORIC GREATS as EDISON, EINSTEIN, King EDWARD, SIX Presidents and many MORE! 49-MILLION DUNNINGER FANS saw his T.V. shows that EACH WEEK BAFFLED THE WORLD! Recognized as a FOUNDER OF MEDICAL HYPNOSIS by Winner of The NOBEL PRIZE and OTHER FAMED INDIVIDUALS, the Glasses & 16-page Manual are the only AID he ENDORSES!

SEND TODAY!

$2.98

Plus 27c Postage

IN CASH, CHECK OR MONEY ORDER

ELLBARR DIST. - DEPT. HV-25 - WESTON, ONT.

reforçado. Ela é uma em 1 milhão, maravilhosamente estranha. Ergue-se sobre você com seu casaco militar, seu uniforme de marinheiro — sutiã com enchimento, touca holandesa e um chicote preto de couro de cobra. Você é o criado dela, o lacaio impecavelmente vestido, terno transpassado, camisa branca plissada, lenço de bolso de três pontas. Ela é espirituosa, culta e lida. Às vezes, você acha que ela está tentando te matar, ou talvez planejando fazê-lo. Outras vezes, acha que está imaginando coisas.

A voz dela dá nos nervos — o zumbido baixo, os guinchos, a voz cantada que pode soar como uma vaca, um pássaro, um cavalo ou o latido de um cachorro. Ela é bem-nascida, de sangue azul, uma observadora de signos. Você a consulta a respeito de tudo, especialmente transações comerciais, ela garante que tudo esteja a seu favor, sempre à meia-noite, sempre na noite de véspera. Ela te alimenta com as entranhas de suas vítimas e, se você puxar a pele dela, verá a cabeça de um animal.

Ela é a sua sapatão campeã, sua mulher-aranha, rainha do rala e rola e ela te coloca no topo — não há altura que você não possa alcançar. Para ela, você é o protótipo de herói, o homem hétero dela, o mandachuva, mas você está no fim da linha, rumo à pilha de sucata, com o rabo entre as pernas — ajoelhando, implorando pra que ela não te abandone, suplicando. Você não é bom o bastante? Por que você não me ama? Eu jamais te amarei, tente me forçar.

Ela não é fácil, cheia de lero-lero e beijos com cheiro acre, mas você tem sorte, mergulhou na merda e emergiu com um alqueire de moedas de ouro. Você subiu na vida, sempre recebendo aumentos, você é obediente e segue as regras.

Nariz achatado, rosto macabro, feia que dói — mas também alta e imponente. Cabelo loiro-amarelo, na altura dos ombros, sempre descalça, olhos piedosos e amarelos com pupilas negras, a mão direita estendida, a palma virada pra cima.

É a sua identidade, seu campo psíquico que a atrai. Ela caminha na sua frente ou atrás de você, às vezes despenca sobre o seu corpo retorcendo-se livremente, seja por prazer ou dor, para o bem e para o mal. Qualquer um que tenha contas a acertar com você cai aos seus pés, ela é sua fortaleza de vigor e você não consegue largá-la. Você não pode permitir que ela escape por entre seus dedos, seria sua ruína e sua perdição, deserdado sem um centavo.

LEIGHT BRACKETT NASCEU EM LOS ANGELES,

em 1915. No início dos anos 1940, ela escrevia para as revistas baratas de ficção científica, mas passou aos roteiros depois que Howard Hawks leu *No Good from a Corpse*, um romance policial que ela escreveu em 1944. Hawks estava procurando um escritor que pudesse colaborar com William Faulkner no filme do Humphrey Bogart que ele estava escalado para dirigir, uma adaptação do romance *The Big Sleep*, de Raymond Chandler. Hawks, pensando que o estilo durão de Brackett acrescentaria um pouco de sangue e tripas ao roteiro, e incapaz de descobrir o gênero do autor apenas pelo nome, disse, entre outras coisas, a seu assistente "Vá atrás desse cara, o Brackett". Por sorte, a Brackett garota não se ofendeu e ajudou Faulkner a navegar no enredo labiríntico do romance. Foi pra ela que Bogart perguntou quem matou Owen Taylor, o chofer da história de Philip Marlowe. Brackett, Faulkner e Hawks ficaram boquiabertos quando um telegrama foi imediatamente enviado a Chandler, que consultou o próprio livro e enviou a resposta: "Eu também não sei".

Brackett bravamente seguiu em frente, descobrindo que um ponto sem nó ocasional não prejudica a história. Ela ainda acumulou muitos outros créditos cinematográficos, incluindo o faroeste *Onde começa o inferno*, com John Wayne, Dean Martin e Ricky Nelson, também dirigido por Howard Hawks. Quando morreu, em 1978, já tinha concluído o primeiro rascunho de *O Império contra-ataca* e o segundo filme da franquia *Star Wars,* deixando os rascunhos subsequentes para George Lucas e Larry Kasdan.

Leigh Brackett jamais parou de escrever faroestes, filmes policiais e ficção científica. Na edição de junho de 1949 da revista *Thrilling Wonder Stories*, Brackett publicou uma história envolvente chamada "Sea Kings of Mars", que acabou se tornando um de seus melhores romances, intitulado *The Sword of Rhiannon*. Lendo a história, podemos ver por que Lucas escolheu Brackett para o segundo filme de *Star Wars*. O livro viaja no tempo e pelo sistema solar e ainda assim é tão singelamente emocionante quanto um seriado de faroeste ou um filme de Sessão da

A FILOSOFIA *da* MÚSICA MODERNA

Tarde. O protagonista Matt Carse até tem algo de Indiana Jones ao vasculhar as cavernas de Marte onde, contam, a deusa marciana Rhiannon foi aprisionada por outras divindades por ter presenteado as raças primitivas do planeta vermelho, milênios atrás, com tecnologias avançadas, incluindo armamentos.

Foi nesse contexto que Brackett pressagiou a terceira das três leis da ficção científica de Arthur C. Clarke: *qualquer tecnologia suficientemente avançada é indistinguível da magia*. Ela escreveu "Feitiçaria, para os ignorantes... simples ciência para os instruídos", insinuando que os presentes de Rhiannon, banais para o tempo em que Matt Carse nasceu, pareciam milagres mágicos no passado pré-tecnológico.

No entanto, existe um lugar em que todo aprendizado adicional é incapaz de desvendar o mistério em questão: a música. Na realidade, pode-se alegar que quanto mais você estuda música, menos a compreende. Pegue duas pessoas — uma que estuda teoria musical dos contrapontos, outra que chora ao escutar uma canção triste. Qual das duas realmente entende melhor de música?

E. B. White tinha um dito sobre humor que poderia ser aplicado à música: analisar humor é como dissecar um sapo. Poucas pessoas se interessam e o sapo acaba morrendo. Mas isso nunca impediu as pessoas de se fiarem em fatos, leis, regras e estruturas até drenar toda a alegria da descoberta e exaurir toda a mágica da melodia.

E também temos a letra. Frequentemente, ouvimos palavras duras a respeito das obras vindas da Tin Pan Alley. Tornou-se prática corrente rejeitar essas canções, com seus esquemas de rimas fáceis e estruturas simples. E muitas vezes, quando as vemos no papel, parecem tão insignificantes que é difícil acreditar que há uma música ali.

É importante lembrar que essas palavras foram escritas para o ouvido, e não para os olhos. Assim como na comédia, em que uma frase aparentemente simples pode se transformar em uma piada pela mágica da interpretação, algo de inexplicável acontece quando palavras são postas em uma música. O milagre está nessa união.

Assim como o velcro foi inventado pelo engenheiro suíço George de Mestral quando ele voltou de uma expedição de caça e ficou curioso a respeito dos milhares de carrapichos presos ao seu casaco de lã e ao pelo do cachorro, a música teimosamente se agarra a incontáveis buraquinhos da memória e da emoção. A miríade de regras que governam tanto a literatura das letras quanto a matemática da melodia é mera diretriz, e aqueles que servilmente se sujeitam a elas, que só conseguem colorir dentro das linhas, correm o perigo de nunca transcender sua arte e criar algo verdadeiramente durador.

"Black Magic Woman" é um excelente exemplo. É um blues? Os entendidos de música te brindarão com outras influências, indicando outros artistas e citações de outras canções. Aqueles estritamente educados nas estruturas provinciais da musicalidade talvez apontem as mudanças no andamento e técnicas triviais como o martelo, transposições entre diferentes modos harmônicos e a mudança entre polirritmos húngaros e latinos. Mas nada disso fala sobre o coração da música.

E a letra pode não impressionar no papel. Em duas das três estrofes de seis versos, um dos versos é repetido quatro vezes. No entanto, quando casados com a música, a combinação se torna hipnótica, rapsódica, conseguindo ser, de alguma forma, misteriosa e direta como um telegrama. Como uma boa pintura, ela tem profundidade, um pouco diferente toda vez que você se aproxima, emanando luz própria de algum lugar em suas profundezas, exigindo repetidas fruições.

Aqueles autoproclamados comentaristas sociais que leem letras de canções com a voz inexpressiva para satirizar sua falta de profundidade apenas evidenciam as próprias limitações. Eles são tão irrelevantes quanto o policial que, durante o julgamento por acusações de obscenidade, leu a transcrição de uma apresentação de Lenny Bruce em um tribunal. Assim como o policial não consegue ver as fagulhas na performance de Lenny, os outros também não enxergam a mágica que acontece quando as letras se unem à música.

Alguns chamariam essa união de "química", mas a química é algo demasiadamente científico e, portanto, replicável. O que acontece com as palavras e a música é algo mais próximo da alquimia, a precursora mais indômita e menos caxias da química, cheia de experimentação e coalhada de fracassos, com malfadadas tentativas de transformar metais inferiores em ouro. As pessoas ficam tentando transformar a música em ciência, mas para a ciência um mais um sempre será dois. A música, como toda arte, incluindo a arte do romance, repetidas vezes nos ensina que um mais um, no melhor dos casos, é três.

CAPÍTULO 57

BY THE TIME I GET TO PHOENIX JIMMY WEBB

Originalmente lançada no álbum *Ten Easy Pieces*
(Guardian, 1996)
Composição de Jimmy Webb

QUANDO VOCÊ CHEGAR A PHOENIX já será de manhã onde ela está, e ela estará saindo da cama. Ela levanta as persianas, caminha pela casa e vê o bilhete que você deixou na porta. Uma mensagem didática, informando a ela que você está indo embora. Ela lê as palavras e sem dúvidas dá uma risadinha, gargalha, ela chora de rir com o bilhete porque você já disse isso a ela muitas vezes antes. Você já foi embora e voltou tantas vezes, ela sabe que você está sempre mudando de ideia, sem parar, vai e volta em relação a tudo, então por que haveria de ser diferente agora? Você vai voltar. Esse bilhete não é sério e ela o joga no lixo.

No meio da tarde, você já está quase no Novo México e sabe que ela está trabalhando agora. Ela trabalha das nove às cinco da tarde como massagista, corre atrás de clientes e cumpre o turno, mais um soldado raso, e ela está na ativa. Ela faz pausa para o almoço e te liga, você já deve ter chegado em casa. Ela liga e deixa o telefone tocar, mas ninguém atende, toca e toca até quase despencar da parede. Lentamente ela se dá conta de que não tem ninguém em casa.

Por volta da meia-noite, você está quase em Oklahoma e pensa que há uma boa chance de ela estar se revirando na cama, sem conseguir dormir, tendo espasmos e chamando o seu nome, delicadamente, imperceptível, quase um sussurro. Então ela começa a chorar, gemidos e soluços, verte lágrimas que escorrem pelo nariz e se espatifam contra o chão. Ela não estava convencida de que você poderia deixá-la, ela não cogitou nem por um minuto, mas agora entende que é verdade. Ela simplesmente nunca imaginou que você fosse embora de fato.

Você tentou avisá-la 1 milhão de vezes, mas jamais conseguiu encarar aquilo. Já deu o que tinha que dar e foi embora. Não teve nem coragem para um beijo de despedida.

CAPÍTULO 58

COME ON-A MY HOUSE
ROSEMARY CLOONEY

Originalmente lançada como um *single*
(Columbia, 1951)
Composição de Ross Bagdasarian e William Saroyan

ESSA É UMA CANÇÃO DE SEDUÇÃO, um grande flerte.
Ela está te pedindo pra chegar junto e armar o barraco, longe de tudo, em sigilo. Pela porta dos fundos, pela escada de serviço, ela vai te dar frutas deliciosas, todo tipo de coisa. Frutas e nozes, cachos de uvas sem semente, pilhas de peras, toda sorte de sobras de confeitaria, essa canção vai te dar tudo de bandeja. Basta você dar as caras.

Armários abarrotados de maçãs, de marca e de qualidade, as maçãs douradas do sol. Romãs da Terra Santa, aquelas com mil sementes, óleo de semente de uva, suco de uva, ameixas de dar água na boca com películas de cera branca, essa canção vai te dar tudo. Pêssegos da Pérsia, tudo que brota na árvore da vida, tingido de rosa e encharcado de mel, damascos defumados, todos os frutos proibidos e doces, muitos doces.

Chicletes e balas de alcaçuz, jujubas e barras de chocolate, essa canção vai te engabelar com sobremesas e ovos de Páscoa multicoloridos.

Ela tem um arsenal de tâmaras de 50 milhões de anos, acenando te convida pra entrar, te invocando, ela tem todo o universo lá dentro, toda uma coleção de bolos. Bolos de casamento, bolos marmorizados, bolos invertidos com cobertura,

Pela porta dos fundos, pela escada de serviço, ela vai te dar frutas deliciosas, todo tipo de coisa.

red velvet, morango, cheesecake e tudo mais. Você receberá toda a cornucópia, a supersafra inteira. Lotes de damascos, mais que o suficiente, dos melhores. Para se fartar por um ano inteiro. Pêssegos assados e figos africanos, um exagero, tudo e mais um pouco. Até uma aliança, um aro de 24 quilates para o seu dedo. Você vai ganhar até uma árvore de Natal, e não estamos falando de uma mudinha, mas de um pinheiro adulto.

Essa canção te convida com meneios pra que você descubra por conta própria. Está te seduzindo, te persuadindo a despendurar as chuteiras e mergulhar com tudo. É tentador? Pode apostar. Mas você não está pensando no que acontecerá quando for atraído até lá — está pensando no que poderia acontecer.

ESSA CANÇÃO TEM UMA HISTÓRIA interessante.

Clooney era uma boa cantora pop, com uma sensibilidade herdada do jazz. Ela sabia como vender uma canção, até mesmo uma ninharia como essa, escrita por um autor vencedor do Pulitzer, William Saroyan, e o primo dele, Ross Bagdasarian, enquanto dirigiam pelo Novo México. Tudo isso sobre frutas exóticas e sei lá mais o quê faz parte da tradição armênia de hospitalidade.

Mitch Miller amava gravações com pegada cômica e abocanhou a isca, produzindo o sucesso da srta. Clooney. É uma pena que ele não tenha dado mais atenção aos compositores. Saroyan não continuou compondo, mas o primo Ross acabou se tornando um dos maiores compositores de canções cômicas de todos os tempos. Assinando como David Saville, ele acelerou a voz e fez muito sucesso com Alvin e os Esquilos. Ross/David/Alvin pode ser visto como o pianista que vive em frente a Jimmy Stewart em *Janela indiscreta*.

Essa é a canção do degenerado, do pedófilo, do assassino em massa. A canção do sujeito que tem trinta corpos no porão e crânios humanos na geladeira. Esse é o tipo de canção em que um carro preto se move pela rua, a janela abaixa e uma voz chama: "Pode vir aqui por um segundo, garotinha? Eu tenho algumas romãs para você, e figos, e tâmaras e bolos. Toda espécie de coisa exótica, maçãs e ameixas e damascos. Apenas venha aqui um segundinho". É uma canção de vodu disfarçada de sucesso pop alegre. É a canção da Chapeuzinho Vermelho. Uma canção cantada por alguém que se comunica com os mortos, um bruxo.

CAPÍTULO 59

DON'T TAKE YOUR GUNS TO TOWN
JOHNNY CASH

Originalmente lançada como *single*
(Columbia, 1958)
Composição de Johnny Cash

ASSIM COMO EM UMA COMÉDIA ROMÂNTICA,

todos sabemos aonde essa canção está indo desde seus primeiros acordes. Em uma comédia romântica, sabemos que o cara vai terminar com a garota, e aqui sabemos que não vai acabar bem para Billy.

Essa é uma canção de advertência: não tente ser esperto demais. Sempre deixe alguém achar que é mais esperto que você. Não dê muitas escolhas a ninguém. Se você tem um alfabeto inteiro de letras, só ofereça A e B. Nessa canção, um garoto bebe uísque demais. Não é que ele somente foi à cidade com uma arma, é que ele se embebedou e tomou um tiro. Armas e bebida simplesmente não combinam. E Johnny Cash sabia disso tão bem quanto qualquer outro. Até quando está morrendo, o garoto se lembra do que a mãe falou, mas é tarde demais.

Histórias são simples. Todos as conhecemos. Garoto conhece garota. Garoto perde garota. Garoto rouba casca de pão. Garoto é baleado em uma praça. Garota mata a esposa do garoto. Criança cresce procurando assassino do pai. Garota casa com garoto. Garoto incendeia cidade.

A FILOSOFIA *da* MÚSICA MODERNA

Ir à cidade com sua arma para provar que você é homem talvez não seja a melhor opção — talvez você deva repensar as coisas enquanto ainda há tempo.

CAPÍTULO 60

COME RAIN OR COME SHINE
JUDY GARLAND

Originalmente lançada no álbum *Judy*
(Capitol, 1956)
Música de Howard Arlen
Letra de Johnny Mercer

ESSA CANÇÃO É UMA DECLARAÇÃO DE FÉ,

um juramento solene. Quando você ama alguém, o apreço é real, não importa o que aconteça, você continua dedicado. Chova ou faça sol, neve ou granizo, não faz diferença, o vínculo entre vocês não tem fim. De bom humor ou insatisfeito, não importa, o afeto mútuo está cravado no seu cérebro, no sistema nervoso. Em paz ou no fundo do poço, essa amizade é imensa e antiga. Otimista ou pessimista, a fidelidade é inquestionável. Um envolvimento imutável com respeito incondicional, esse amor é decisivo e entranhado no seu subconsciente.

O amor que sentem um pelo outro é teimoso e seguro, e sempre será retribuído — bêbado ou sóbrio, ele será retribuído. Satisfeito ou inquieto, ele será atendido, você pode apostar. Qualquer neurose ou mágoa que surja pelo caminho, esse amor é implacável. Com ou sem dinheiro, ele é direto e costumeiro.

Apesar de todos os desgostos e distúrbios, você segue ileso. Estão cativados um pelo outro. Vocês enxergam através dos olhos um do outro, quase nada tira o seu sossego. Vocês examinam as coisas do princípio ao fim e um empresta a sua percepção ao outro.

COME RAIN OR COME SHINE

★ ★

QUANDO ESSA CANÇÃO FOI PUBLICADA em 1946

(para o musical *St. Louis Woman*), não chegou às paradas de sucesso. Mas a composição de Harold Arlen (música) e Johnny Mercer (letra) gerou dúzias e dúzias de regravações que abrangem uma variedade maior que a de muitos clássicos. Além dos candidatos mais óbvios — Frank, Billie, Judy, Ella —, temos Don Henley, Bette Midler, James Brown e muitos outros. Poxa, o Dr. John até a gravou duas vezes.

Talvez a franqueza da letra seja um dos motivos. Franqueza não deve ser confundida com simplicidade.

Durante os anos 1960, a moda pra quem estava na crista da nova onda era diminuir os supostos picaretas da Tin Pan Alley e suas rimas de amor, dor, cor, sol se pôr. Como frequentemente é o caso, os verdadeiramente talentosos foram jogados pra escanteio com os levianos.

A melodia de Arlen é simultaneamente saudosa e segura de si, e a letra de Mercer é objetiva, sem ser exagerada, sem um traço de ironia. E tanto a serviço da extravagância "olhe-pra-mim-agora" do arranjo de Judy Garland quanto do devaneio de gata descolada sobre uma cama de flautas de jazz de câmara de Anita O'Day, a canção nunca parece enjoativa ou falsa.

Provavelmente foi tal franqueza que fez que Scorsese usasse a música duas vezes no filme *O rei da comédia*. O apelo doce de Ray Charles aponta a incoerência do comportamento de uma obsessão disfarçada de amor puro. Depois, quando Sandra Bernhard canta para um Jerry Lewis atado e imobilizado, a terrível honestidade de seu sentimento surge, inconfundível. Não há nada mais assustador que a franqueza do delírio de alguém.

Essa canção foi uma grande influência para Phil Spector, que pegou o terceiro verso — *"High as a mountain and deep as a river"* — e o transformou em um banquete musical para Tina Turner. Ele a batizou de "River Deep — Mountain High". Também, mais ou menos na mesma época, ele fez com que os The Turtles, um fenômeno pop da costa oeste, pegassem dois versos da segunda estrofe da canção para o seu hit, "Happy Together".

CAPÍTULO 61

DON'T LET ME BE MISUNDERSTOOD
NINA SIMONE

Originalmente lançada no álbum *Broadway — Blues — Ballads*
(Philips, 1964)
Composição de Bennie Benjamin, Horace Ott e Sol Marcus

A CANÇÃO DO MENINO PRODÍGIO, do fenômeno. O cara que saca tudo, cuja causa é nobre e sexualmente inocente. Aquele cujo apetite e cuja lascívia se fazem claros, óbvios e ululantes. Essa é uma canção sobre incompreensão e ideias falsas. Sobre atribuir falas a quem não as disse, sobre coisas tiradas de contexto — sobre falhas de comunicação, pessoas tendo uma ideia errada de quem você é.

Você é descendente de Adão, o bom companheiro, um membro da espécie humana, e não importa o que você faça, tudo foi previamente planejado, e você é viril e íntegro a respeito de tudo, mas se enfurece quando suas palavras são desvirtuadas ou torcidas. Isso realmente te deixa mal. Você tenta se manter numa rédea curta, se segurar, mas tudo tem um limite, você nem sempre consegue ser santo, um anjo do amor — um Miguel, um Rafael ou mesmo um Gabriel.

Você nem sempre consegue ser um cara legal. Ainda assim, suas segundas intenções sempre são firmes e consistentes como o dólar.

Essa é uma canção sobre incompreensão e ideias falsas. Sobre atribuir falas a quem não as disse, sobre coisas tiradas de contexto — sobre falhas de comunicação, pessoas tendo uma ideia errada de quem você é.

Na maioria das vezes, você é benquisto, leve e vivaz — você irradia alegria, a exuberância do prazer carnal e do êxtase e é impossível disfarçar. Ao mesmo tempo, está à beira de um ataque de nervos, constrangido por tudo ao redor, perplexo com tudo, boquiaberto e metendo os pés pelas mãos, e sabe que qualquer um pode perceber, que sua verdadeira face pode ser reconhecida e observada, facilmente detectada. No entanto, os princípios que te guiam não poderiam ser melhores. Você é um cavalheiro, um erudito, e suas palavras não devem ser mal interpretadas, isso te deixa amargo e inconciliável, um péssimo freguês — totalmente cego, te irrita quando alguém entende mal o que você diz ou faz suposições de suas falas.

O que você quer dizer é que a vida tem suas dores de cabeça, suas perturbações, ela pode ser um mar de problemas, e você já recebeu seu quinhão de tudo isso. Sendo assim, você simplesmente não quer que suas palavras sejam torcidas ou mal-entendidas. Não quer ser subestimado, ainda mais por alguém que ama. Quer manter tudo dentro de seus limites, seus afetos acima de tudo. Genuíno da cabeça aos pés. Mas você é apenas um terráqueo, um Zé-Ninguém, um sujeito qualquer, e tem opiniões e hipóteses que são caras, às vezes elas te dão uma pontada no coração, saem pela culatra, fazem com que você se odeie.

Ser mal interpretado pode te dar nos nervos. Alguma coisa que sai meio torta, alguma asneira, alguma coisa ordinária e genérica, e isso acaba com você, faz você se sentir desvalorizado.

A questão é que ser mal-interpretado diminui a sua alegria de viver.

MOTHER DIED TODAY.

*"Or did she?"**

Quando Gilbert Stuart fez a primeira tradução para o inglês do romance *O estrangeiro*, de Albert Camus, de 1942, a primeira frase parecia clara o bastante. Mas ela já gerou uma verborreia exponencialmente maior que a quantidade de palavras do próprio livro, e tradutores se viram presos não só nas ambiguidades e nos paradoxos temporais de tempos verbais que não existem em inglês, como também no peso conferido pela ordem das palavras nesses tempos.

Além disso, temos a questão da própria Mãe. No original em francês da abertura do livro, "*Aujourd'hui, maman est morte*", Camus usa "*maman*" intencionalmente em vez de "*mère*", uma palavra mais formal para mãe. "*Maman*" é mais coloquial, algo entre "mamãe" e "mãezinha", então, desde o princípio, o tradutor dá o tom errado para a relação entre o narrador e sua falecida mãe.

Tradutores e comentaristas posteriores tentaram analisar a linguagem, na tentativa de se erguer do atoleiro de múltiplos tempos verbais franceses — explicar as diferenças entre o "*passé simple*" e o "*passé composé*". Não é fácil. De 1700 até o final dos anos 1900, até existia uma regra informal que ajudava autores franceses a optar por um dos dois tempos verbais. Conhecida como "a regra das 24 horas", e composta pelo erudito tipógrafo Henri Estienne, determinava que o "*passé composé*" deveria ser usado para eventos ocorridos dentro de um único período de 24 horas, mas para qualquer coisa fora desse período, o "*passé simple*" poderia ser usado.

E então você percebe que esse é apenas um problema decorrente de uma frase de um livro em uma língua, e começa a entender o que o L. L. Zamenhof estava pensando. Zamenhof era um oftalmologista polonês que acreditava que as barreiras entre línguas criavam muros que impediam o fluxo da troca de ideias, futuras amizades e alianças entre culturas e países.

---

* "A mãe morreu hoje. Mas será que morreu mesmo?".

A FILOSOFIA *da* MÚSICA MODERNA

Ao se dar conta da dificuldade de aprender uma única língua estrangeira, Zamenhof criou o esperanto no final dos anos 1800, na esperança de que se tornasse uma "segunda língua universal", uma língua simplificada que todos aprendessem sem sacrificar o dialeto natal. Dessa forma, o vernáculo local poderia se desenvolver e você conseguiria se comunicar com qualquer um no mundo.

São muitas as razões para o seu fracasso. Fascistas ganhavam força mantendo as pessoas separadas e mal-informadas, e condenaram a língua internacional. Nazistas e stalinistas criticaram o sonho de Zamenhof publicamente. E havia aqueles que acreditavam que os falantes do esperanto estavam ostentando a palavra de Deus e que, ao aprender a falar uma única língua comum, estariam ameaçando erguer outra Torre de Babel.

O esperanto segue entre nós, apesar de alguns se recordarem dele mais como a inspiração para o ESP-Disk, um selo musical fundado em Nova York, em 1963, com o objetivo de lançar música em esperanto, hoje lembrado pelas gravações de Albert Ayler, Pharoah Sanders, William Burroughs e The Fugs. E você pode usar o tradutor do Google para traduzir do e para o esperanto.

Mas a língua não é a única barreira para a compreensão — temos a inflexão e a implicação. Quando o ladrão Derek Bentley disse ao seu cúmplice Christopher Craig "Hora de acabar com isso, Chris", e Craig atirou no policial londrino que tentava pará-los, ele foi acusado como cúmplice do assassinato. Em sua defesa, Bentley alegou que, com sua fala, quis dizer que deveriam se entregar.

Ele não precisou de um tradutor pra ser mal-entendido.

Em 1964, Horace Ott brigou com a namorada e se juntou aos colegas de composição Bennie Benjamin e Sol Marcus. Eles compuseram "Don't Let Me Be Misunderstood" e a deram para Nina Simone.

Ela trouxe o próprio talento artístico para a canção e hoje em dia o atrito entre Horace Ott e sua namorada anônima já foi há muito esquecido. A canção pode ser cantada por qualquer pessoa que sinta não estar conseguindo se comunicar com um ente querido. Mas ela ganhou mais significados e alguns interpretaram a versão contida e contestadora de Nina como um hino da igualdade social.

Canções são capazes disso. Como qualquer outra forma de arte, não buscam ser compreendidas. A arte pode ser apreciada ou interpretada, mas raramente existe algo a ser compreendido. Seja *Cachorros jogando pôquer* ou o sorriso da *Mona Lisa*, entender não traz nenhuma vantagem.

Talvez haja alguma vantagem em compreender o contexto por trás de pinturas como *A balsa da Medusa*, de Théodore Géricault, ou em ser instigado pela sensação de acompanhar ao vivo a última confusão gerada por Banksy, mas nenhum desses casos deixa qualquer espaço para seus sentimentos, sua opinião.

A arte, às vezes, é um soco direto — os retângulos coloridos de Mark Rothko, as copiosas bolinhas de Yayoi Kusama ou a repetição incansável da frase "*I want you*" em uma única canção de John Lennon. O controle desses artistas sobre suas ferramentas é tão grande que eles sabem exatamente o que estão fazendo. Ainda assim, algumas pessoas precipitadamente classificam a obra como simplista.

Não me entenda mal.

CAPÍTULO 62

STRANGERS IN THE NIGHT FRANK SINATRA

Originalmente lançada como *single*

(Reprise, 1966)

Música de Bert Kaempfert

Letra de Charles Singleton e Eddie Snyder

A CANÇÃO DO LOBO SOLITÁRIO, do forasteiro — o estranho, o estrangeiro, o corujão que está planejando sua jogada enquanto dá as cartas, botando tudo à venda e renunciando aos próprios interesses. Movendo-se sem rumo pela escuridão encardida — cortando a torta de sentimentalismos, continuamente dividindo os pedaços, trocando olhares penetrantes com alguém que ele mal conhece.

Malandros e aventureiros, o objeto do afeto um do outro, cativados um pelo outro, forjam alianças — ignorando todas as eras da humanidade, a era de ouro, a era eletrônica, a era da ansiedade, a era do jazz. Você está aqui pra contar uma história diferente, o macaco de outro galho. Encarna um personagem durão, uma capa de filé, e está excitado e instigado, um sorriso de orelha a orelha, como o gato de Alice, repensando toda a sua vida disforme, seu ser completamente tomado pelo aroma dessa ambrosia inebriante. Algo no seu espírito vital, no seu pulso, algo no seu sangue está dizendo que você deve possuir esse terno sentimento de amor agora e para sempre, essa essência de amor diligente firmemente presa em seu punho — que é essencial, é necessária pra continuar vivo e enganar a morte.

Intrusos, esdrúxulos, malucos e vilões lutam por espaço nesse breu inerte e sombrio. Duas pessoas desenraizadas e alienadas, fechadas e isoladas, abrem a porta uma para a outra, dizem *Aloha,* Olá, Como você está? e Boa noite. Como você poderia imaginar que tudo que estava entre você e beijos e amassos, *eros* e adoração, era um mambo bem dançado — um olhar arregalado de lado, distante, uma potente encarada maliciosa — que, desde então, desde aquele momento decisivo, você está no maior gás, perdidamente apaixonado, sendo tudo que o coração do outro deseja. Meu amor e benzinho desde o início. Desde aquela olhadela de lado inaugural, a origem — o ponto de partida. Agora vocês estão unidos, uma única carne para a perpetuidade — até a vasta eternidade — imortalizada.

QUANDO FRANK SINATRA ENTROU no estúdio para

gravar "Strangers in the Night", em 11 de abril de 1966, ele já cantava profissionalmente havia 31 anos e gravava desde 1939. Ele já tinha visto modas irem e virem na música popular e, na verdade, lançou algumas delas e gerou levas de imitadores ao longo das décadas.

Ainda assim, era incrível que a trilha sonora do verão de 1966, de acordo com a Billboard Hot 100 de 2 de julho, fosse encabeçada por essa pequena canção pop. Inacreditavelmente, no meio da invasão britânica, "Strangers in the Night", criada por um nativo de Hoboken, superou "Paperback Writer", dos Beatles, e "Paint it Black", dos Rolling Stones. Hoje em dia, as paradas são tão estratificadas e divididas por nichos de mercado que você jamais veria isso acontecer. Hoje todos trafegam na sua própria pista, garantindo para si mesmos as maiores honras da sua própria categoria, mesmo que essa categoria seja algo como "Melhor Performance de Um Vocalista de Klezmer" ou "Trilha Sonora de Heavy Metal com *Samples* de Americana".

Mas Frank teve que entrar na briga com todo mundo, mesmo que "Strangers" fosse uma canção que ele detestava e que frequentemente classificava como "uma merda". Mas não esqueçamos que Howlin' Wolf supostamente disse a mesma coisa sobre sua primeira guitarra elétrica e os irmãos do selo Chess o citaram em letras garrafais na capa de um de seus discos.

Frank podia até odiar a canção, mas o fato é que a escolheu. E é aqui que nossa história começa. Quando "Strangers in the Night" chegou até nossos ouvidos, já tinha passado por pelo menos duas letras diferentes e algumas pessoas já tinham reivindicado sua autoria. É uma história confusa que abrange um par de continentes. Aqui eu a apresento em nome da diversão e não atestarei sua veracidade.

Muitos fumantes de charuto já desfrutaram do Avo XO, um excelente charuto dominicano. A conhecida tabacaria Davidoff, de Genebra, os apresentou ao mundo e agora mais de 2 milhões são vendidos por ano. Esses charutos eram a fonte de renda que mitigava as dívidas de um músico armênio imigrante de Beirute vivendo em Nova York e que sentia que tinha sido tapeado ao ser excluído dos lucros da composição de sucesso.

Quando jovem, Avo Uvezian era pianista de jazz e tocou por todo o Oriente Médio durante o começo dos anos 1940, chegando até a ensinar ao xá iraniano Rcza Pahlavi a forma certa de dançar o swing. Com a ajuda do agradecido xá, Uvezian se mudou pra Nova York em 1947 e se matriculou no curso de música da Julliard.

É aqui que a história fica meio embaçada. De acordo com Uvezian, ele enviou uma das melodiazinhas que compôs para a única pessoa que conhecia na indústria fonográfica — o condutor e compositor Bert Kaempfert. Hoje, a melodia, batizada "Strangers in the Night", lista Bert Kaempfert como compositor.

De alguma forma, a canção chegou até Frank Sinatra. Segundo a lenda, Frank pediu que a letra fosse alterada. Trouxeram Charles Singleton e Eddie Snyder. Eles pegaram a canção melancólica sobre a despedida de amantes, intitulada "Broken Guitar", e voltaram uma semana depois com "Strangers in the Night". Charles Singleton, curiosamente, também é coautor de "Tryin' to Get to You", uma canção gravada em 1954 pelos Eagles, um grupo vocal de Washington, DC. A canção foi gravada novamente no ano seguinte por Elvis Presley, quando ele ainda estava na Sun Records.

Outras pessoas também fizeram alegações contra a autoria de Bert Kaempfert em "Strangers in the Night". Uma delas partiu do cantor croata Ivo Robić e outra do compositor francês Philippe-Gérard, apesar de nenhuma das duas ser tão bem fundamentada quanto a de Avo Uvezian.

Quanto a ele, seu nome não aparece em nenhum selo de gravação, mas está em muitas anilhas de charutos. Ele seguiu a vida com uma atitude positiva e viveu feliz até os noventa anos. Apesar de ter abandonado a indústria musical, não abandonou a música, se apresentando frequentemente e divertindo os amigos com seu piano enquanto desfrutava dos milhões de dólares gerados pelos charutos suíços. Nem todas as histórias precisam ter um final triste.

E, até onde eu sei, ninguém jamais contestou a autoria de sucessos do Frank nos anos seguintes, mas vale mencionar que "Somethin' Stupid" foi composta pelo irmão mais velho de Van Dyke Park, Carson.

CAPÍTULO 63

VIVA LAS VEGAS ELVIS PRESLEY

Originalmente lançada como *single*
(RCA, 1964)
Composição de Doc Pomus e Mort Shuman

A CANÇÃO DO APOSTADOR, do esportista — pura questão de sorte — poucas chances, muitas chances, cara ou coroa, loteria, dados feitos dos ossos do diabo. A roleta, as máquinas de pinball, a cidade acesa, a cidade estrelada. Esse é o lugar onde sua personalidade irrompe em chamas. É o lugar onde você corre riscos calculados, onde desafia o perigo e se alça em direção à fortuna, como Rothschild, Hobbs, DuPont, Vanderbilt — gastando dinheiro como se fosse água, como um marinheiro bêbado. O polo de riqueza entre todos os polos de riqueza. Gastando mais do que ganha, o tipo de lugar que ofusca a vista. Você bota dinheiro e aumenta suas chances. Dinheiro pelo dinheiro, vivendo de crédito, dizendo a todos que vai pagar. Longa vida e esse lugar, com suas incontáveis mulheres — as moças e as damas, as bonecas e as meninas, acompanhantes, companheiras e guarda-costas. Toda a mulherada, escancarada, livre — dançando no fio da navalha.

Você não para nem por um segundo, mal respira. Você é o esperto, o adorador do demônio, o bicho-papão com uma dose extra de luxúria. Longa vida a esse lugar.

Você nunca descansa e nunca dorme. Não há tempo pra ficar à toa e jogar conversa fora, você vai com tudo. Se ao menos o dia tivesse mais oitenta horas. Jogando dados, cortando as cartas, tirando a sorte e fazendo trambiques, cabeças rolando, quina e bingo. Você está pra receber uma grana, caindo de paraquedas numa barbada. Embaralha as cartas e puxa a de baixo do monte. Um salário de seis dígitos indo pelo ralo, uma fortuna inteira perdida, ganhar uma mina de ouro. Você tem um espírito movido a energia atômica, forte como um touro feito de ferro e resistente como puro aço. Nervos inabaláveis como concreto e duros como mármore.

Las Vegas, a encruzilhada do mundo moderno, o Jardim do Éden, a Terra dos Sonhos. Depois de vê-la, mesmo de olhos semicerrados, você jamais será o mesmo. Basta um relance e está transformado, uma mutação que te converte em outra coisa, alguma substância misteriosa com um sorriso perene — algo rico e estranho. Você segue alimentando a chama, desfilando e perambulando, esticando as pernas, atravessando fora da faixa, vendo e sendo visto. Você é rápido no gatilho como um peixe ensaboado. Se sacudindo como gelatina com muito vigor e entusiasmo. Estrilando como um grilo e espalhando alegria por onde passa — se divertindo a valer no inferno dos apostadores. Você está tecendo loas à cidade que ama. A cidade que transforma a manhã em meia-noite, e a meia-noite em manhã, que na alta madrugada se transforma em amanhecer. O entardecer se transforma no primeiro clarão da luz que cega — a radiação invisível, piscando e cintilando, luzindo e ofuscando — estourando o fotômetro. Te custa o seu último centavo, e você sai no prejuízo, derramando seu derradeiro dólar. Agora você não tem mais nada, é indigente, está arruinado e enrugado como uma ameixa — recebeu o golpe que te deixou na lona. Agora é tudo ou nada, a toda a velocidade, pura empolgação, pedindo à dona Sorte que aqueça os seus dados, que garanta que a bola role a seu favor — que a lei das médias esteja a seu lado. Você quer apostar até as calças, acertar na mosca, burlar o sistema. Você quer estar por cima da carne-seca e não quer que isso termine tão cedo.

ESSA É UMA CANÇÃO SOBRE FÉ.

O tipo de fé que te faz entrar debaixo de uma ducha no meio do deserto acreditando piamente que de lá sairá água. Ou, mais precisamente, o tipo de fé que te faz ficar em pé no saguão de mármore de um hotel suntuoso com neon piscando enquanto milhares de mulheres bonitas trajando collants de paetês te servem drinques de graça e flertam pra conseguir uma gorjeta em uma cidade de luzes radiantes, cheia de lojas de penhores e suicídios, e ainda assim você acha que vai ganhar. Não é de admirar que ela incendeie a sua alma.*

"Viva Las Vegas" também é um comercial. É claro, quando Elvis gravou essa composição de Doc Pomus e Mort Shuman em 1963 e a lançou em 1964, não sabia que, cinco anos depois, em julho de 1969, o tema dessa canção de amor leve e descontraída seria o centro de suas apresentações ao vivo — e que esse oásis artificial noturno, por sua vez, satisfaria vampiricamente a todos os seus piores hábitos e impulsos.

Entre certos grupos de fãs, o Coronel Tom Parker é tão insultado por ter desperdiçado o talento de Elvis em filmes cada vez mais precários quanto por tê-lo deixado entorpecido em Las Vegas em razão de um acordo escuso com o Hilton, que ajudaria a abater as vertiginosas dívidas de jogo do empresário. É notório que a saúde e as apresentações de Elvis decaíram vertiginosamente, mas ainda assim ele era exibido no palco noite após noite. O espetáculo começou a ficar parecido com algo saído da mente de P. T. Barnum, que apresentava astros já decadentes como uma curiosidade pra fazer com que as pessoas entrassem em seu circo. Nesse caso, a curiosidade era Elvis e o circo era Las Vegas, e se as pessoas saíssem decepcionadas com a degradação do astro, não faltavam distrações pra que elas deixassem isso pra lá e gastassem seu dinheiro. Todas essas foram lições que o Coronel aprendeu em algum lugar entre sua Holanda natal e os circos em que nasceu de fato.

* No original, "*No wonder it sets your soul on fire*", citação direta aos dois primeiros versos de "Viva Las Vegas".

Certa vez, alguém me contou sobre um sujeito que realizava curas milagrosas. Ele tinha cúmplices de bom aspecto que ficavam parados na porta do lugar em que pregava, oferecendo cadeiras de roda gratuitas a qualquer um que caminhasse com dificuldade — pessoas usando muletas, bengalas ou andadores, ou até um manquejar mais pronunciado. Essas pessoas eram informadas de que havia um setor para as cadeiras de roda próximo à lateral do palco. O curandeiro surgia, reconhecia as cadeiras de roda e pedia a uma das pessoas que subisse ao palco. Ele, então, diz ao público que aquela pessoa não precisa de uma cadeira de rodas. De fato, ele já sabe disso. Ele diz para a pessoa se levantar e andar. Quando ela o faz, todos comemoram, acreditando que viram um milagre, sem saber que a pessoa já andava por conta própria. Golpes funcionam assim.

Mas o interessante é que se você falar com o sujeito da cadeira de rodas verá que ele também acredita. Estar no palco e ser aplaudido é um remédio poderoso. Adrenalina, endorfinas e sabe-se lá mais o que estavam inundando o sistema daquela pessoa e ela provavelmente não estava sentindo dor pela primeira vez em toda a sua vida. Não importa como você explique ao sujeito o que acabou de acontecer, ele também acha que foi parte de um milagre. E é assim que a fé funciona. E os verdadeiros golpes, os realmente bons, precisam ter algo de fé. Como W. C. Fields disse: "Você não consegue enganar um homem honesto".

No mito de Elvis, é fácil pintar o Coronel como um Judas enfiando suas trinta moedas de prata no caça-níquel uma após a outra, mas é importante lembrar que não haveria um Rei a ser escrachado não fosse todo o trabalho duro e a fé do Coronel desde o princípio. E mesmo nos piores momentos, o Coronel foi leal e verdadeiro, jamais cultuando aspirantes ao trono, falsos deuses ou qualquer outro cliente. Mesmo após a morte de Elvis, ele continuou no Hilton para se certificar de que as homenagens seriam respeitosas, apesar dos mais cínicos frequentemente apontarem o fato de que ele se deixou tornar uma atração turística para continuar pagando por suas fichas de apostas cada vez mais numerosas.

Enquanto isso, o coautor da canção, Doc Pomus, apesar de preso a uma cadeira de rodas, jamais precisou de qualquer curandeiro — sua fé residia em algum lugar entre uma quadra e uma sequência de mesmo naipe. Acreditando que a composição era um negócio arriscado demais, largou tudo pra comandar jogos de pôquer de apostas altas em seu apartamento em Manhattan, só desistindo quando um dos apostadores deixou seu apartamento certa noite e surgiu boiando no East River. Logo depois disso, B. B. King e Dr. John bateram à porta do Doc e o arrastaram de volta para o mundo cruel da música, em que as facadas nas costas são meramente metafóricas.

Hoje, Elvis se foi, o Coronel se foi, Doc Pomus se foi. B. B. King e Dr. John se foram. O Hilton, no entanto, agora possui 31 hotéis em Las Vegas.

A banca sempre ganha.

Viva Las Vegas.

CAPÍTULO 64

SATURDAY NIGHT AT THE MOVIES THE DRIFTERS

Originalmente lançada como um *single*
(Atlantic, 1964)
Composição de Barry Mann e Cynthia Weil

OBSERVADORES SAGAZES TIVERAM uma pista de que a indústria musical estava encrencada quando um de seus gêneros mais populares passou a ser conhecido como "alternativo". Isso é notoriamente impossível já que, por definição, o alternativo é algo que desafia a norma convencional — isto é, uma escolha diferente daquela mais popular.

Cineastas modernos se deparam com um dilema similar. Não significa que não estejam fazendo filmes interessantes e instigantes. Só significa que a contracultura substituiu a cultura dominante. Tentar entender onde estamos como público pode fazer nos sentirmos como Paul Newman em *Rebeldia indomável* quando Strother Martin diz a ele: "O que temos aqui é uma falha de comunicação".

Nos anos 1970, anti-heróis como Butch e Sundance, Dirty Harry, Super Fly e Travis Bickle deram uma banana pra cinquenta anos de colunas retas e queixos fortes. As sessões de cinema de sábado sempre foram mais que a oportunidade de dividir um balde de pipoca com o namorado na última fileira do balcão. Os melhores longas continham sabedoria, aforismos que insinuavam um código moral, um código que conseguia capturar o público mais facilmente que os sermões acompanhados de chamas do inferno, que fomentavam o medo nas manhãs de domingo.

Não que não existissem anti-heróis antes dos anos 1970, como o já mencionado *Wild One*, Jimmy Cagney e Edward G. Robinson nos filmes de gângsteres do início dos anos 1930, ou James Dean em *Juventude transviada*. Mas esses personagens ou acabavam pagando pela ousadia ou ficavam alquebrados e retornavam para o bom caminho da retidão antes do fim do último rolo.

De maneira similar, assim como o alternativo se tornou a única alternativa, anti-heróis expulsaram os verdadeiros heróis das telas até que qualquer um que insinuasse o código do cowboy de Gene Autry fosse banido e rotulado como obsoleto. Enquanto isso, um filme com a ousadia de apresentar qualquer tipo de mensagem, edificante ou meramente instigante, era politizado por um lado ou por outro do público e defendido apenas pelo eleitorado predeterminado. Era tanta pregação para os convertidos que o filme poderia ser exibido tanto em uma manhã de domingo quanto na noite de sábado.

Hoje em dia, sequências e *remakes* vão rolando pela linha de montagem com uma frequência alarmante e orçamentos astronômicos, mas eles ainda não conseguem recapturar o encanto e a magia dos originais. Eles não conseguem nos transportar de nossos assentos no balcão para um mundo encantado. Diabos, na maior parte das vezes eles não conseguem nem convencer as pessoas a sair de suas casas pra assistir a essa joça.

Te darão um monte de motivos pra não assistirem a filmes antigos — porque eles são em preto e branco ou talvez porque têm uma sequência de dois minutos que se tornou politicamente incorreta com a mudança dos tempos. Essas pessoas não têm imaginação e não se opõem a jogar o bebê fora com a água da bacia.

Aqueles que desconsideram os filmes que vieram antes deles como algo meramente simplista estão perdendo a atuação ousada de Kirk Douglas em *A montanha dos 7 abutres,* do diretor Billy Wilder, que pressagiava a toxicidade da manipulação midiática, e Brando como o estivador Terry Malloy, que descobre que aquela não era a sua noite e presta depoimento contra o chefe de sindicato corrupto que

mandou matar o irmão dele. O filme é tão forte que você nem precisa entender o contexto histórico do Elia Kazan nas audiências da HUAC* pra que ele te atinja bem no estômago.

Matar ou morrer também é mais do que um mero faroeste. É um conto cheio de nuances sobre um homem que luta contra o relógio e aprende sobre coragem, lealdade, fé e amor. Já adaptado para a cidade grande, para um grupo de mafiosos e até para Sean Connery interpretando um agente federal interplanetário que an-

---

* A House of Un-American Activities, ou Comitê de Atividades Antiamericanas, conduziu investigações a respeito de cidadãos que supostamente conduziam atividades comunistas ou fascistas. Muitos artistas foram investigados, inclusive Elia Kazan, que fora membro do Partido Comunista.

tagoniza um assassino de aluguel em uma colônia de mineração em uma das luas de Júpiter.

Ensaios sobre personagens como *Tarde demais* permitiram que Olivia de Havilland trouxesse personagens femininas mais complexas para a tela, enquanto *Doce pássaro da juventude* testou os limites do tolerável, apesar de a peça de Tennessee Williams ter sido higienizada para as salas de cinema familiares. Em ambos os filmes havia uma tensão que vinha, em parte, de esses limites serem ultrapassados, dessa não permissão de falar sobre as coisas. Ter de inferir as coisas te faz mais cuidadoso com suas escolhas.

E também temos *O tesouro de Sierra Madre*. Até hoje é puro entretenimento, mas carrega temas mais profundos como a cobiça e a paranoia, a corrupção e os efeitos progressivamente perniciosos da desolação. Foi uma filmagem difícil e Jack Warner já estava à beira do desespero quando as filmagens do romance de B. Traven sobre a busca por ouro nas montanhas de Sierra Madre ultrapassaram astronomicamente o orçamento. No fim, porém, valeu a pena, com três Oscars conquistados, inclusive um para Walter Huston, que atuou no filme, e outro para seu filho, que o dirigiu. Todo mundo sabe que um jovem Robert Blake está nele como um vendedor de jornal, mas são poucos os que sabem que o misterioso autor do romance, B. Traven, supostamente faz uma ponta na cena da estalagem.

E não podemos esquecer de *Doze homens e uma sentença*. Atores de alto calibre em uma sala com uma história bem escrita e envolvente. Parece simples, mas raramente é feito. Sidney Lumet dirigiu aquele que pode ser considerado o primeiro filme *indie* já produzido, com um custo de, no máximo, 300 mil dólares. A maior parte do orçamento foi gasta com o elenco potente que passou uma hora e meia demonstrando que basta uma pessoa pra termos um herói e que toda história tem muitas zonas cinzentas quando é filmada em preto e branco. Talvez até mais quando é filmada em preto e branco. Esse filme já foi satirizado, ridicularizado, reescrito, imitado, reimaginado, refeito e modernizado. Mas jamais foi melhorado.

Os Estados Unidos sempre foram um grande caldeirão cultural, mas poucas coisas foram criadas aqui e depois devolvidas ao mundo. Por mais divertido que seja dirigir uma Ferrari, Detroit sempre será a terra dos automóveis. Por melhor que Stéphane Grappelli seja, temos que voltar para King Oliver, Buddy Bolden e Louis Armstrong pra encontrar o coração pulsante do jazz. Da mesma forma, Fellini, Kurosawa e seus pares ao redor do mundo fizeram filmes fantásticos, mas todos sabemos onde a indústria cinematográfica recebeu o primeiro tapa na bunda e respirou pela primeira vez.

As pessoas ficam falando sobre tornar os Estados Unidos grande novamente. Talvez devam começar com os filmes.

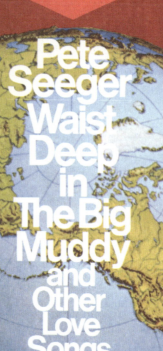

CAPÍTULO 65

WAIST DEEP IN THE BIG MUDDY PETE SEEGER

Originalmente lançada no álbum
Waist Deep in the Big Muddy and Other Love Songs
(Columbia, 1967)
Composição de Pete Seeger

ESSA CANÇÃO É UMA RECORDAÇÃO DO QUE

passou, você está olhando para os velhos tempos, para as coisas que aconteceram antes do agora. Você está em uma milícia, um exército de voluntários. O novato, um recruta inexperiente, treinando táticas e fazendo parte de jogos de guerra no pântano. Está aprendendo a receber fogo inimigo, acionar minas e lançar bombas.

Na escuridão da noite, o capitão te diz pra atravessar um córrego afluente, o grande lamaçal, e você entra nele até os joelhos. O comandante do pelotão diz pra você seguir adiante, mas um suboficial contesta. Ele diz ao chefe — você tem certeza de que essa é a melhor maneira de voltar para a base? A situação não parece muito boa. O chefe não está nem aí, ele diz — já cruzei esse rio uma milha mais à frente e essas perguntas são infundadas. Pode até ser que as coisas fiquem meio movediças, mas continue se esforçando, continue avançando, logo estaremos em terra firme.

Antes que você se dê conta, está com barro até a cintura e começando a ficar preocupado. Ainda assim o superior diz para continuar em frente, continuar se movendo, nem mais um pio. O sargento diz: Senhor, estamos com muita bagagem e instrumentos, vamos ser puxados para o fundo. O comandante diz: Não seja bobo, seus argumentos não têm fundamento, vamos lá, homem, tenha coragem e força de vontade como eu, vamos logo com isso. Mas você está até o pescoço no lodo, e esse capitão doido diz pra seguir em frente. Logo em seguida, uma sombra negra e turva surge sobre a sua cabeça, e você escuta água espirrando e gorgolejos, o capacete do chefe passa flutuando por você, o sargento diz: Homens, contornem e deem meia-volta, eu agora estou no comando, façam o que eu digo.

Você mergulha na profundeza viscosa, desce até o fundo e vê o corpo morto do seu líder preso no charco enlameado. Ele não sabia que esse lugar é mais fundo que aquele por onde ele passou da outra vez, não percebeu que estava andando em direção ao fosso. Não sabia que um segundo córrego se misturava a esse e que a contracorrente criaria um redemoinho que o puxaria pra baixo. Você mal escapou do grande lamaçal, mas o velho cavalo de guerra já era.

Foi por mero acaso que você saiu de lá, deu sorte, o capitão maluco não teve tanta sorte, e esse acidente infeliz te deu náuseas, mas você não vai apontar o dedo pra ninguém, acusar ninguém, quer apenas lavar as mãos e se ver livre disso. Quando vê o relatório-padrão sobre esse acontecimento trágico no noticiário, não tem como evitar aquela velha sensação. A de que estamos sempre até o pescoço em uma confusão colossal, gigante e que algum burro idiota está dizendo pra seguirmos em frente. Demoraria uma vida inteira pra você revisitar todas as suas memórias. Você quer fazer isso em apenas um dia.

FREQUENTEMENTE O REVELAR de um subterfúgio tem a mão do estraga-prazeres. Seja o orgulhoso espertalhão redirecionando a atenção de todos para a moeda do truque de uma apresentação de mágica, seja o repórter do canal de notícias local revelando alguma charlatanice da medicina moderna, não podemos deixar de ver o inconfundível sorriso presunçoso que surge enquanto lembram ao público de que estavam um passo à frente deles.

Ainda assim, o esclarecimento dos fatos em torno da crença frequentemente repetida de que lemingues seguem uns aos outros até caírem de um precipício em um suicídio em massa ritualístico não tem por objetivo desiludir ou desapontar. Muito pelo contrário, a história do haraquiri dos roedores é repleta de mentiras e tramoias divertidas. Ela é prazerosa assim como um frasco de uísque em uma noite fria, bom de beber sozinho, melhor ainda quando compartilhado.

A imagem de lemingues precipitando-se em massa para sua perdição conjunta se tornou tão vívida e comum que é difícil acreditar que essa lenda animal só se solidificou no final dos anos 1950, como uma parte fraudulenta de um documentário premiado da Walt Disney.

Entre 1955 e 1958, James R. Simon foi um dos nove fotógrafos que a Disney escalou na produção do documentário *White Wilderness*, uma deslumbrante observação íntima e em cores da vida animal no cruel e violento Ártico norte-americano. Cada um recebeu suas atribuições e Simon ficou encarregado de documentar o comportamento dos lemingues — pequenos roedores rechonchudos, primos do rato comum e do gerbo, com uma garra achatada nas patas dianteiras que os ajuda a cavar as áreas nevadas que chamam de lar.

Às vezes, a diferença entre religião e ciência pode ser medida pela distância entre as perguntas sem resposta e as perguntas irrespondíveis. As pessoas vivem com medo. Por exemplo, quando o sol desaparecia no fim do dia, as pessoas temiam jamais vê-lo retornar. A religião as tranquilizava com uma solução para a pergunta irrespondível — o deus grego Hélios arrastava o sol pelo céu toda manhã em sua carruagem dourada. Esse era o trabalho dele, ele fazia isso todos os dias e isso apaziguava o medo de viver na escuridão.

O tempo passou e a ciência fez descobertas e as perguntas irrespondíveis começaram a ser respondidas. A Terra rodava em torno de si mesma e girava ao redor do sol. Hélios se aposentou.

Hábitos migratórios eram muito misteriosos porque ocorriam ao longo de grandes áreas e ao longo do tempo. Ninguém sabia aonde os pássaros iam no inverno. As pessoas costumavam acreditar que eles dormiam em cavernas subterrâneas, como os ursos. Depois, aprendemos que não era assim.

Os lemingues migram para áreas mais espaçosas quando a densidade populacional se torna insuportável. Como viajam por um ambiente estranho para eles, há um certo número de baixas na busca por novos espaços amplos e não é incomum encontrarmos seus pequenos corpos aos pés de precipícios ou afogados em lagos e rios que desconheciam — mas não se trata de suicídio em massa, apesar das lendas dos caçadores locais.

E é aqui que entram James Simon e a equipe de filmagem da Disney. A verdade não era lá muito fotogênica, e Simon já estava familiarizado com a dificuldade que documentaristas da natureza enfrentam para fazer os documentados colaborarem com a direção. Simon usou uma série de truques cinematográficos pra construir uma sequência dramática. Ele comprou uma dúzia de lemingues e os filmou em diversos ângulos, multiplicando a quantidade deles. Apinhou-os sobre plataformas giratórias pra criar a ilusão de migração frenética e então, por fim, correu no encalço deles até que despencassem no rio Bow, fazendo parecer que um surto coletivo havia tomado conta deles, levando-os ao encontro da morte nas águas.

A imagem dessas pequenas criaturas seguindo umas às outras cegamente até sua perdição também virou uma metáfora comum para grupos insensatos, como o pelotão obediente da canção de Peter Seeger, que segue o comandante teimoso rio Mississippi adentro, partindo de um centro de treinamento na Louisiana até ser tragado pela areia movediça. Por sorte, um sargento perspicaz os manda dar meia-volta e marchar de volta à base.

WAIST DEEP IN THE BIG MUDDY

Aquela canção "Waist Deep in the Big Muddy" é totalmente verdadeira. Talvez. Pete Seeger, assim como o resto de seus colegas do Weavers, foi banido da televisão no início dos anos 1950. Estávamos na era de McCarthy e a inclinação política à esquerda de Pete, assim como sua recusa em testemunhar ou assinar documentos para o Comitê de Atividades Antiamericanas, o deixaram longe da televisão até meados da década seguinte. Mas isso não o impediu de cantar e tocar e divulgar mensagens políticas tanto quanto culturais ao vivo em contextos mais reservados.

Eis que chega 1967 e Tom e Dick Smothers rompem com a proibição de dezessete anos convidando Pete para seu programa na rede CBS. Pete tocou uma série de canções, entre elas uma que havia composto pouco tempo antes, "Waist Deep in the Big Muddy". Quando William Paley ouviu a canção durante o ensaio e percebeu que a letra era uma alegoria para o atoleiro cada vez mais profundo no Vietnã, Paley cortou a canção da transmissão. Os cabeças da CBS não queriam repetir a experiência recente de acordar com uma ligação às três da manhã de um Lyndon Johnson irritado com a exibição de um quadro que zombava dele.

Nem é preciso dizer que os irmãos ficaram furiosos. Mas um ano mais tarde a maré havia virado. Até Walter Cronkite rompeu com sua tradicional neutralidade e se posicionou contra a guerra. Pete Seeger voltou à CBS e cantou "Big Muddy" para o público de The Smothers Brothers. Ele tornou-se notícia quando não cantou a canção e quando a cantou.

Isso tudo porque todos estavam sintonizados nos mesmos programas de TV — pessoas contra a guerra, pessoas a favor dela. Todos compartilhávamos do mesmo vocabulário cultural padrão. As pessoas que queriam ver os Beatles nos programas de variedades tinham de assistir dançarinos de flamenco, comediantes de calças frouxas, ventríloquos e quem sabe até uma cena tirada de Shakespeare. Hoje a mídia entretém multidões e um sujeito pode escolher algo de que goste e se banquetear exclusivamente com uma transmissão dedicada a isso.

Temos 24 horas por dia de blues, surf music, mimimi de esquerda, exasperações de direita, todo tipo de crença imaginável. Histórias tão interessantes quanto a dos lemingues suicidas e totalmente verídicas, como o fato de que o canto das baleias tornou-se inexplicavelmente 30% mais grave desde os anos 1960. Mas essas histórias estão enterradas no fundo dos canais de documentários sobre animais, de onde provavelmente jamais alcançarão a imaginação do grande público.

No final das contas a melhor forma de alienar as pessoas não é tirar a plataforma delas — mas dar a cada uma o seu próprio púlpito distinto. Em última análise, a maioria das pessoas ouvirá apenas aquilo que elas já sabem e lerá apenas textos com os quais já concordam. Elas devorarão as pálidas recriações do que é familiar e talvez jamais descubram que podem gostar de Shakespeare ou de dança flamenca. É o mesmo que permitir que uma criança de oito anos decida a própria dieta. Ela inevitavelmente escolherá chocolate em todas as refeições e acabará malnutrida, com os dentes podres e pesando duzentos quilos.

Em algum lugar entre o "grande tolo" da letra de Pete e os lemingues sendo perseguidos até a beira do penhasco.

CAPÍTULO 66

WHERE OR WHEN
DION

Originalmente lançada no álbum *Presenting Dion and the Belmonts*
(Laurie, 1959)
Música de Richard Rodgers
Letra de Lorenz Hart

ESSA É A CANÇÃO DE REENCARNAÇÃO, um zumbido repetitivo viajando no espaço, buscando o mesmo velho assunto, sem parar, repetidas e repetidas vezes, na qual cada momento da vida tem uma notável semelhança com algo que aconteceu em épocas anteriores à Revolução, à Renascença, ao Cristianismo, em que tudo é exatamente igual, e você não consegue distinguir uma coisa da outra. A história continua se repetindo e todos os momentos da vida são o mesmo momento, com mais de uma dimensão de significado.

Você estava discursando, matraqueando, pensando em voz alta, discutindo as coisas — relaxando e soltando a franga, olhos nos olhos, brincando de esconde-esconde — indo pra trás, pra frente, ida e volta — não tem nenhuma diferença, com o pressentimento de que tudo aconteceu antes, mas você não sabe precisar o local, o município ou a região e agora está tudo acontecendo novamente, um momento atemporal idêntico ao próximo — cheio de lapsos de memória e bloqueios mentais, uma espécie de sensação sobrenatural, erguida sobre o ar, mas com os pés no chão, uma quimera — como a imagem visível de uma vida inteira que veio pra ficar.

Onde o passado tem um jeito de surgir bem na sua frente e entrar na sua vida sem ter sido convidado.

WHERE OR WHEN

Vestes, vestimentas, capuzes, a roupa do domingo, os casacos forrados com pele, coisas que se usavam há tempos, nos dias de antigamente, são exatamente as mesmas. O avental, o manto, o sutiã, as meias de raiom, a faixa na cintura, assim como antigamente — nunca fora de moda. Pontos, casas de botão, tricô e bordado, tudo nos trinques — em farrapos — terno *zoot*, blusão, calças de flanela, luvas de camurça e camiseta — sapatos de madeira — todo arrumado, vestido pra matar. Não há a menor diferença entre aquela ocasião e essa — são seis ou meia dúzia. A cópia perfeita do original, imutável e consistente desde o ano 1. Desde o momento em que a cortina se ergueu pela primeira vez, o mesmo requinte, o mesmo bigode grosso, a mesma peruca, o mesmo mundo fenomenal surgindo e ressurgindo, contando e recontando. A mesma antiga melodia, as mesmas charadas — lutando a velha batalha novamente de um fôlego só e você pode estar certo de que já aconteceu antes e acontecerá novamente — é inevitável.

O aperto de mão, o sorriso amarelo, a mesma coincidência, de novo e de novo. O beijo, o abraço, a separação e a reunião, velharia e galhofa, provocando, estapeando e batendo — chorando de rir — um fazendo o outro gargalhar, zoando e regozijando com alegria. Inebriados um com o outro, um olhando bem para o outro, adorando um ao outro — seremos verdadeiros um com o outro, cada um é exatamente aquilo de que o outro precisa. A profanidade, a futilidade, nascer — renascer e nascer de novo, a regeneração de tudo. Esse é o principal objetivo.

A vida no deserto, onde não há amanhã e sempre parece que foi ontem, onde compartilhamos as mesmas culpas repetidas vezes, onde a reencarnação te alcança por fim. Onde o passado tem um jeito de surgir bem na sua frente e entrar na sua vida sem ter sido convidado.

Onde se algo não está acontecendo agora, nunca aconteceu antes.

WHERE OR WHEN

SINTO QUE JÁ ESCREVI SOBRE essa canção. Mas isso é compreensível já que "Where or When" dança nos arredores da memória, nos cativando com repetidas imagens do que é familiar e nos seduzindo com vidas ainda não vividas.

Estreada no musical da Broadway *Babes in Arms*, de 1937, a canção casa a letra de Lorenz Hart com a música de Richard Rodgers. Muitas canções famosas de Rodgers e Hart também estavam na trilha da peça, incluindo "The Lady Is a Tramp", "Johnny One Note" e "My Funny Valentine".

Ao contrário do que imagina, essa última canção não é um louvor a um objeto de desejo anônimo. Na verdade, um personagem chamado Billie Smith a canta para a epônima Valentine LaMar, delineando alguns de seus próprios defeitos, a boca fraca e o físico triste, antes de revelar que, por fim, a forma como ele faz o coração dela sorrir é o bastante para fazê-la feliz.

Dois anos depois de estrear nos palcos, uma versão de *Babes in Arms* foi feita para o cinema. Mas o filme dirigido por Busby Berkeley, estrelando a dupla Mickey Rooney e Judy Garland, era quase irreconhecível, reduzido até se tornar uma fachada simplificada, pois Hollywood preferiu evitar as conotações políticas do original.

Os personagens mais peculiares, entre eles um comunista que não para de citar Nietzsche e um sulista racista, foram extirpados da peça. Muitas das colaborações mais famosas de Rodgers e Hart também foram, de alguma forma, extraviadas durante a transição.

Mas uma canção continuou lá de um projeto a outro, deslizando do palco para a tela como uma espécie de recordação distante. E é claro que essa canção é "Where or When".

"Coisas que aconteceram pela primeira vez parecem estar acontecendo novamente."

Quando a canção finalmente aparece na versão cinematográfica, já estamos atolados até o pescoço na versão higienizada da história, que agora não passa do típico lugar-comum de "adolescentes montam um espetáculo". Lá, seus principais cantores são dois personagens menores — apesar de a Patsy de Judy Garland conseguir cantar um verso para seu obcecado companheiro de tela.

Rooney é acompanhado por uma orquestra composta inteiramente de crianças sombrias debruçadas sobre coisas que aparentam ser uma centena de violinos.

Na peça, a canção é mais do que apenas uma porção sentimental de sacarina. Billie e Valentine, que nem existem na versão cinematográfica, usam a canção para encurtar o tempo entre o primeiro encontro e o primeiro beijo. A ode sonhadora aos amantes que tropeçam ao longo do tempo para se reencontrar faz que aquele primeiro abraço esteja mais para destino do que para mero ímpeto carnal.

Os rodopios oníricos da melodia de Rodgers dão ao ouvinte a sensação de que o tempo é tão misterioso e complexo quanto algo saído de Stephen Hawking. E a letra de Hart cavalga a melodia etérea, permitindo que o cantor se perca em seu devaneio, confrontando uma amante como se fosse uma aparição.

Para um homem como Lorenz Hart, mal atingindo um metro e meio de altura, que desdenhava tanto da própria aparência, que beirava odiar a si mesmo, a ideia de reencarnação — o romance desditoso que se desenrola em diferentes tempos e diferentes corpos — deveria ser muito atraente.

A versão desfigurada de *Babes in Arms* foi um gigantesco sucesso de bilheteria e recebeu dois Oscars, um deles para o protagonista de dezenove anos, Mickey Rooney. É interessante notar que, depois de se dedicar tanto a criar um roteiro menos ofensivo, o grande desfecho musical mostra o vencedor do Oscar, Rooney, ao lado de Judy Garland, pintando o rosto de preto e fazendo incessantes caretas em um simulacro de um *minstrel show* tradicional,* com Rooney interpretando Mr. Bones, Garland interpretando Mr. Tambo e Douglas McPhail interpretando o interlocutor. Todos os três personagens eram membros consumados de *minstrel shows*, o que explica suas presenças, mas não as justificam.

A atuação é pelo menos tão unidimensional quanto a constrangedora interpretação do sr. Yunioshi feita por Mickey em *Bonequinha de luxo* 22 anos depois.

---

* Espetáculos de grande teor racista em que atores brancos pintavam o rosto de preto (*blackface*) para encenar quadros cômicos que ridicularizavam pessoas negras com estereótipos ofensivos.

Dion DiMucci evoluiu ao longo da carreira, mudando por fora, mas mantendo características identificáveis em todas as suas repetições. Não é reencarnação a rigor, mas uma incrível sequência de renascimentos, indo do sincero "Teenager in Love" até o "Wanderer" cheio de ginga, do amigo mergulhado em meditação profunda em "Abraham, Martin and John" até o casca-grossa revestido de couro que reina na selva urbana e serviu como modelo para Bruce Springsteen, outro ítalo-roqueiro. Mais recentemente, ele realizou um de seus sonhos mais antigos e se tornou uma espécie de ancião lendário, um bluesman de algum outro delta.

A versão de "Where or When" de Dion, que fez muito sucesso em 1959, revela o talento por trás dessas transformações. Com uma deslumbrante harmonia vocal, foi o maior sucesso dos Belmonts nas paradas da Billboard, superando até a já mencionada "Teenager in Love". E quando a voz de Dion irrompe desacompanhada por um momento, na ponte, ela captura o momento de persistência cintilante da memória de uma maneira que a palavra escrita consegue apenas sugerir.

Mas com a música é assim, ela é de um tempo, mas também é atemporal; uma coisa com a qual criamos memórias e que é a memória em si. Apesar de raramente pensarmos dessa forma, a música é construída no tempo precisamente da mesma forma como um escultor ou um soldador trabalha no espaço físico. A música transcende o tempo, pois vive dentro dele, assim como a reencarnação nos permite transcender a vida vivendo-a de novo e de novo.

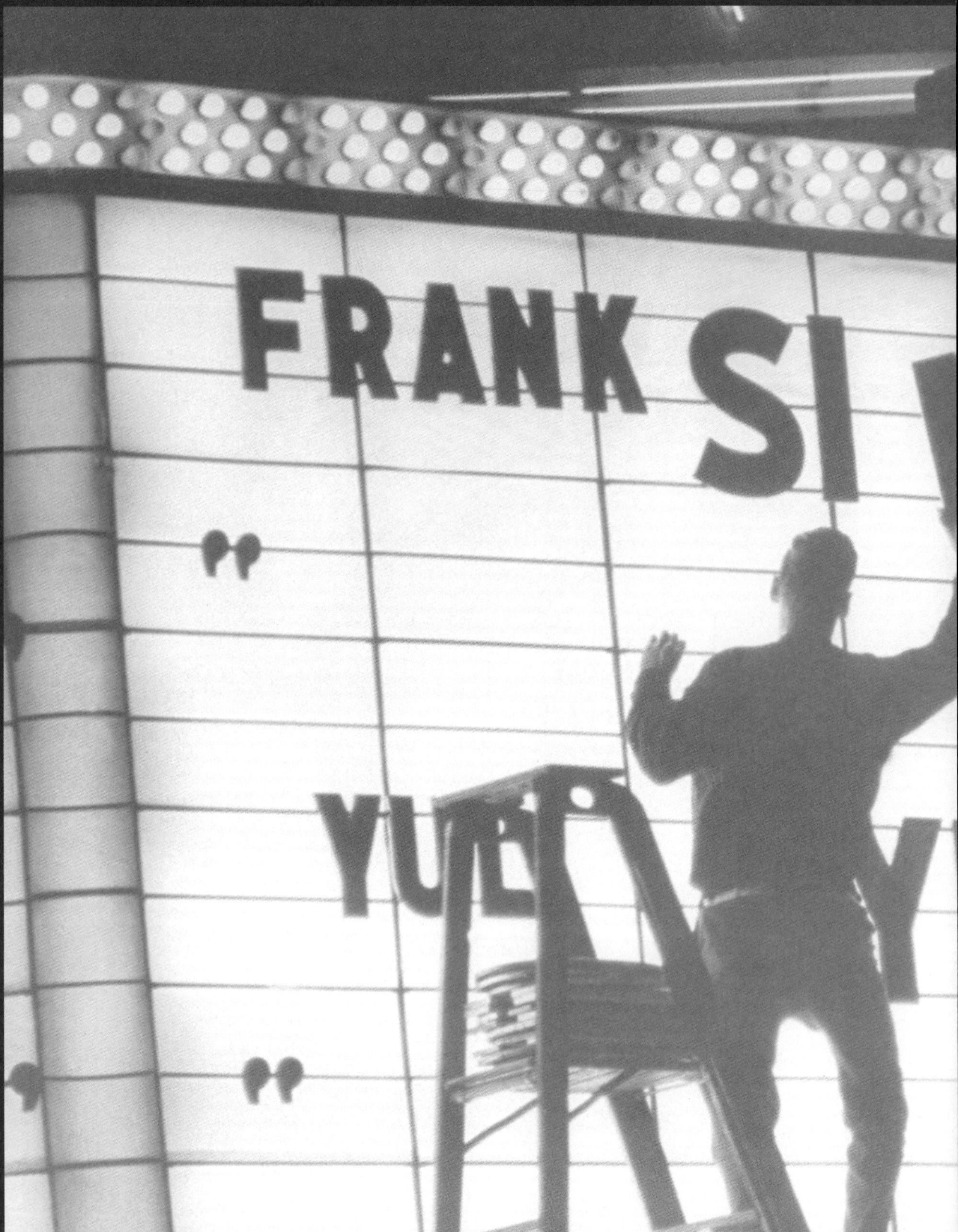
FRANK

Créditos das imagens

Pp. v, 28, 175, 185: Pictorial Press Ltd/ Alamy Stock Photo; pp. vi, 39, 48, 83, 93, 224, 248: Michael Ochs Archives via Getty Images; p. viii: Leonard McCombe/ The LIFE Picture Collection/ Shutterstock; pp. x-xi, 107, 318, 335, 340: cortesia de Sony Music Entertainment; p. xii: Lynd Ward; p. 3: Süeddeutsche Zeitung Photo/ Alamy Stock Photo; p. 4: © Raeanne Rubenstein, cortesia de Country Music Hall of Fame and Museum; p. 14: Coppo di Marcovaldo, imagem: Alamy Stock Photo; p. 18: Beggars Banquet, Michael Josephs © ABKCO Music & Records, Inc. https://www.abkco.com/store/ beggars-banquet/; p. 19: Everett Collection, Inc./ Alamy Stock Photo; p. 20: Moviestore Collection Ltd/ Alamy/ Fotoarena; p. 26: © Jean Gaumy/ Magnum Photos; p. 30: Paul Cézanne, imagem: FineArt/ Alamy Stock Photo; p. 31: Harry Hammond/ V&A Images via Getty Images; p. 32: SuperStock; p. 36: arte de capa por Robert Osborn. Tratamento das páginas da LIFE © 1962 Meredith Operations Corporation. Todos os direitos reservados. Tratamento de capa por LIFE, publicado com permissão Meredith Operations Corporation. Reprodução proibida. LIFE e seu logo são marcas registradas de Meredith Operations Corporation. Uso sob licença; p. 38: cortesia de NYC Municipal Archives; pp. 40, 145: cortesia de Universal Music Group; p. 54: The Protected Art Archive/ Alamy Stock Photo; p. 57: Ernesto Garcia Cabral; p. 58: Jeremy Woodhouse/ PixelChrome; p. 60: Aaron Rapoport/ Corbis via Getty Images; p. 64: Los Angeles Examiner/ USC Libraries/ Corbis via Getty Images; p. 72: Lieutenant Whitman, cortesia de Library of Congress; p. 74: Basil Wolverton; p. 84: Rockwell Kent, cortesia de Plattsburgh State Art Museum, State University of New York, Rockwell Kent Collection, por Sally Kent Gorton. Todos os direitos reservados; p. 86: William James Linton, imagem: Asar Studios/ Alamy Stock Photo; p. 88: ARCHIVIO GBB/ Alamy/ Fotoarena; p. 90: Tore Bergsaker/ Dagbladet; pp. 94, 146: GAB Archive/ Redferns via Getty Images; p. 98 © George Rodger/ Magnum Photos; p. 103: Graphic House/ Archive Photos via Getty Images; p. 104: Keystone-France/ Gamma-Keystone via Getty Images; p. 110: Buyenlarge via Getty Images; p. 112: cortesia de Foster Hall Collection, CAM.FHC.2011.01, Center for American Music, University of Pittsburgh; p. 114: Maureen Light Photography via Getty Images; p. 115: North Wind Picture Archives/ Alamy Stock Photo; p. 116: PictureLux/ The Hollywood Archive/ Alamy Stock Photo; p. 119: Richard Walter/ Gamma-Rapho via Getty Images; p. 120 logo: cortesia de Brian D. Perskin & Associates, imagem: Parker Fishel; p. 124: Orlando/ Three Lions via Getty Images; p. 125: Gilles Petard/ Redferns via Getty Images; pp. 126, 133, 149, 284, 307: Bettmann via Getty Images; p. 128: Larry Downing/ Reuters/ Alamy Stock Photo; p. 129: cortesia de Central Intelligence Agency; p. 130: Maxim Ersov/ Alamy Stock Photo; p. 134 (acima): Warner Brothers/ Alamy Stock Photo; p. 134 (abaixo): Photo 12/ Alamy Stock Photo; p. 136: Herb Greene; p. 139 (acima) usada com permissão de Grove Atlantic; p. 139 (abaixo): cortesia de Warner Music Group; p. 140: Robert H. Jackson; p. 142: CSU Archives/ Everett Collection Inc./ Alamy Stock Photo; p. 150: Edgar Bundy; p. 155: Keystone via Getty Images; p. 157: AP Films/ Shutterstock; p. 158: Kypros via Getty Images; p. 161: Michael Putland via Getty

Images; p. 167: detalhe da Sexta Avenida com 43rd e 44th, Nova York, 1948: Todd Webb, copyright © Todd Webb Archive; p. 168: David Redfern/ Redferns via Getty Images; p. 170: Arquivos de Ivan Dmitri/ Michael Ochs via Getty Images; p. 171: Dukas/ Universal Images Group via Getty Images; p. 174: William John Wilgus; p. 178: cortesia de Martha Perkins Bain Collection; p. 182: Margaritis Georgios; pp. 186, 233: ClassicStock/ Alamy Stock Photo; p. 189: László Henkin; p. 190: Three Lions via Getty Images; p. 194: Richard Drew/ Associated Press; p. 200: Don Bronstein, cortesia de Universal Music Group; p. 203: Express via Getty Images; p. 204: Gai Terrell/ Redferns via Getty Images; p. 208: R. KRUBNER/ Alamy/ Fotoarena; p. 210: Jack Delano, cortesia de Library of Congress; p. 216: (St Paul) Heritage Image Partnership Ltd/ Alamy/ Fotoarena; p. 216: (Iowa) piemags/ DCM/ Alamy/ Fotoarena; p. 216: (New Orleans) FAY 2018/ Alamy/ Fotoarena; p. 216 (St. Louis): This Old Postcard/ Alamy Stock Photo; p. 216: Found Image Holdings/ Corbis via Getty Images; p. 220: George Lipman/ Fairfax Media via Getty Images; p. 221: Freddie Cole/ Mirrorpix via Getty Images; p. 226: Capa de livro por The Moon Is a Harsh Mistress, Robert A. Heinlein, uso com permissão de Penguin Random House LCC, todos os direitos reservados; p. 227: Pierluigi Praturlon/ Reporters Associati & Archivi/ Mondadori Portfolio/ Bridgeman Images/ Fotoarena; pp. 228, 257, 264, 333: Adobe Stock; p. 230: Peep Show © George Tate, cortesia de Craig Krull Gallery; p. 234: Dorothea Lange, Everett Collection/ Shutterstock; p. 236: Vintage Images via Getty Images; p. 240: Carl Bruin/ Mirrorpix via Getty Images; p. 244: Popsie Randolph/ Michael Ochs Archives via Getty Images; p. 254: ScreenProd/ Photononstop/ Alamy Stock Photo; p. 255: B. Zoller/ blickwinkel/ Alamy Stock Photo; pp. 258, 290, 330: Pictorial Press Ltd/ Alamy/ Fotoarena; p. 260: Allstar Picture Library Ltd./ Alamy Stock Photo; p. 261: Elvis Presley Enterprises/ Authentic Brands Group; p. 270: Retro AdArchives/ Alamy Stock Photo; p. 276: FPG/ Archive Photos via Getty Images; p. 280: Severin Roesen; p. 281: Joe Belanger/ Shutterstock; p. 282: Album/ Fotoarena; p. 286 © Ken Davidoff/ South Florida Rock & Roll Museum; p. 287: Gun 1, Broadway & 103rd Street, New York, 1954 © William Klein; p. 288: Evening Standard/ Hulton Archive via Getty Images; p. 291: Leon Morris via Getty Images; p. 294: AF Archive/ Alamy Stock Photo; p. 297: Charles "Teenie" Harris/ Carnegie Museum of Art via Getty Images; p. 299: Lebrecht Music & Arts/ Alamy Stock Photo; p. 300: Pictorial Parade via Getty Images; p. 308: Mark Peterson/ Corbis via Getty Images; p. 310: Harry Benson/ Daily Express/ Hulton Archive via Getty Images; p. 312: Weegee (Arthur Fellig)/ International Center of Photography via Getty Images; p. 315: PictureLux/ The Hollywood Archive/ Alamy/ Fotoarena; p. 323: Sam D. Cruz/ Shutterstock; p. 324: Staff Sgt. Pablo N. Piedra, cortesia de Defense Visual Image Distribution Service; p. 328 © Richard Kalvar/ Magnum Photos; pp. 336-7: John Duprey/ New York Daily News Archive via Getty Images; Jaqueta traseira: William P. Gottlieb/ Ira and Leonore S. Gershwin Fund Collection, Music Division, Library of Congress. Colorização e restauração © 2019 Marie-Lou Chatel; tingimento manual por Kevin Mutch.